SÃO JOÃO DA CRUZ

Um homem, um mestre, um santo

Coleção Testemunhas – Série Santos

- *Agostinho, o convertido* - Bernard Sesé
- *Antônio de Pádua: um santo também para você* - Giovanni M. Colasanti
- *Bernadete: a santa de Lourdes* - René Laurentin
- *Camillo de Lellis* - Mateo Bautista
- *Clara: a companheira de Francisco* - Rina Maria Pierazzi
- *Dom Bosco: fundador da Família Salesiana* - Robert Schiélé
- *Edith Stein: uma vida por amor* - Vittoria Fabretti
- *Francisco de Sales: a paixão pelo outro* - René Champagne
- *Francisco Xavier: pioneiro da inculturação* - Hugues Didier
- *Inácio de Loyola: companheiro de Jesus* - Jorge González Manent
- *Joana D'Arc: a mulher forte* - Régine Pernoud
- *João Batista: o precursor do Messias* - René Laurentin
- *João da Cruz: pequena biografia* - Bernard Sesé
- *Padre Pio: o perfume do amor* - Elena Bergadano
- *Padre Pio: o São Francisco de nosso tempo* - Luigi Peroni
- *Paulo, apóstolo e escritor* - Édouard Cothenet
- *Pedro, o primeiro Papa* - René Laurentin
- *Rosa de Lima: mulher e santa* - Benjamin Garcia
- *São Cristóvão: condutor de Cristo e guia do motorista* - Pe. Mário José Neto
- *São João da Cruz: um homem, um mestre, um santo* - Carmelo do Imaculado Coração de Maria e Santa Teresinha (Cotia/SP)
- *Teresinha de Jesus: traços biográficos* - Marc Joulin
- *São Judas Tadeu: o apóstolo da misericórdia de Cristo* – Jorge López Teulón

Carmelo do Imaculado Coração de Maria
e Santa Teresinha – Cotia/SP

SÃO JOÃO DA CRUZ

Um homem, um mestre, um santo

Dados Internacionais de Catalogação na Publicação (CIP)
(Câmara Brasileira do Livro, SP, Brasil)

Igreja Católica. Carmelo do Imaculado Coração de Maria e Santa
Teresinha (Cotia, SP)
São João da Cruz um homem, um mestre, um Santo / Carmelo do
Imaculado Coração de Maria e Santa Teresinha . – 7. ed. – São Paulo :
Paulinas, 2015. – (Coleção testemunhas. Série santos)

Bibliografia.
ISBN 978-85-356-4038-0

1. João da Cruz, Santo, 1542-1591 I. Título. II. Série.

15-09914   CDD-248.22092

Índice para catálogo sistemático:
1. Místicos : Biografia e obra : Cristianismo   248.22092

Direção geral: *Ivani Pulga*
Coordenação editorial: *Maria de Lourdes Belém*
Revisão de texto: *Jonas Pereira dos Santos*
Gerente de produção: *Antonio Cestaro*
Capa: *Reginaldo Barcellos Cunha*

7ª edição – 2015
3ª reimpressão – 2021

Nenhuma parte desta obra poderá ser reproduzida ou transmitida
por qualquer forma e/ou quaisquer meios (eletrônico ou mecânico,
incluindo fotocópia e gravação) ou arquivada em qualquer sistema ou
banco de dados sem permissão escrita da Editora. Direitos reservados.

Paulinas
Rua Dona Inácia Uchoa, 62
04110-020 – São Paulo – SP (Brasil)
Tel.: (11) 2125-3500
http://www.paulinas.com.br
editora@paulinas.com.br
Telemarketing e SAC: 0800-7010081

© Pia Sociedade Filhas de São Paulo – São Paulo, 1999

ABREVIATURAS

São João da Cruz

C	Cântico espiritual
Ch	Chama viva de amor
Ct	Cartas
Ditames	Ditames de espírito
Ditos	Ditos de luz e amor
N	Noite escura
P	Poesias
S	Subida do Monte Carmelo

Santa Teresa de Jesus

Fund	Livro das fundações
Cartas	Cartas

NB: Para as citações da *Subida do Monte Carmelo* e da *Noite escura*, o primeiro número indica o livro; o segundo, o capítulo e o terceiro, o parágrafo.

Para as citações do *Cântico espiritual* e da *Chama viva de amor*, o primeiro número indica a estrofe e o segundo, o parágrafo.

Para as citações das *Poesias*, o primeiro número indica a poesia e o segundo, a estrofe.

Para as citações do *Livro das fundações*, o primeiro número indica o capítulo e o segundo, o parágrafo.

Citando os santos carmelitas, utilizamos:

- SÃO JOÃO DA CRUZ, *Obras completas* (org. frei Patrício Sciadini, ocd), Petrópolis, Vozes, 1984.

- SANTA TERESA DE JESUS, *Obras Completas* (org. padre Gabriel Galache, SJ, e frei Patrício Sciadini, ocd), São Paulo, Loyola, 1995.

INTRODUÇÃO

Ante a crescente e sintomática busca dos autores místicos, muitas pessoas têm vindo bater às portas de nossos mosteiros e conventos, solicitando à espiritualidade carmelitana a seiva para a vida interior e o alimento para a oração.

De fato, os textos de santa Teresa, são João da Cruz, santa Teresinha, Elisabete da Trindade e de tantos outros de nossos beatos são largamente oferecidos àqueles que — consagrados ou leigos — desejam intensificar seu relacionamento com Deus ou imprimir uma fisionomia carmelitana à própria vida espiritual. Com relação aos textos de são João da Cruz, porém, um pedido vinha se tornando cada vez mais freqüente, assumindo mesmo o caráter de uma necessidade a ser suprida.

Entre aqueles que já hauriam dos escritos do Pai dos carmelitas e Doutor Místico da Igreja, havia o desejo de um texto metódico que apresentasse uma visão global de sua doutrina. Não resta dúvida de que, embora redigidos de maneira simples e lógica, os tratados de nosso santo, porque descem aos detalhes, exigem, para uma melhor compreensão, que se tenha em mente todo o itinerário espiritual a ser percorrido pela alma. Além destes, um número sempre maior de pessoas, tendo apenas ouvido falar de são João da Cruz, pedia com insistência um subsídio para o primeiro contato, para a aproximação da *Obra* de nosso santo.

Surgiu assim, com o ensejo de responder a este anseio tantas vezes manifestado em nossos locutórios, a idéia da elaboração de um texto com o intuito não só de proporcionar os rudimentos para a iniciação a são João da Cruz, mas, que, ao mesmo tempo, desse uma abordagem doutrinal-sistemática de seus escritos.

Um homem, um mestre, um santo é, portanto, um livro bastante simples, de caráter didático, que visa dar o respaldo teórico para uma leitura mais proveitosa da *Obra* sanjuanista.

Compondo-o em quatro partes, quisemos, num primeiro momento, dar alguns ligeiros traços biográficos do Doutor Místico: homem como todos nós, que conheceu a pobreza, a orfandade, as fadigas do trabalho, mas que, em sua vida, buscou "somente a honra e a glória de Deus" (Esquema gráfico-literário do "Monte da Perfeição") e, assim, foi conduzido à plenitude da vocação do homem.

Em seguida, apresentamos um breve apanhado de sua doutrina — vivida de maneira pessoal, é verdade, mas que adquire dimensões eclesiais, pois todos nós somos chamados à comunhão de vida com Deus.

Na terceira parte, dirigimos a palavra de são João da Cruz ao homem do final do século XX, que transpõe o limiar de um novo milênio cristão. Inseridos num contexto em que tudo nos leva à exteriorização, em que tudo adquire valor em função do rentável, do prático, da imediatez, em que o apelo ao sensível quer sufocar a dinâmica da vida interior, desconhecemos a nós mesmos, ignoramos nosso destino. São João da Cruz nos aparece como luz de alerta, como sinal do ponto de chegada, e relembra-nos que o homem só se realiza no Absoluto de Deus.

Por fim, apresentamos uma pequena antologia dos escritos do santo. No fundo, nada mais eficaz que a própria palavra daquele que viveu a intimidade com Deus para orientar a caminhada dos que buscam a face do Senhor. Os textos estão divididos em quatro categorias, cada uma precedida de um singela introdução que quer situar, tanto no âmbito histórico como no conjunto do *corpus* sanjuanista, os extratos apresentados. Mais que dar a apreciar o inegável valor literário de quem foi chamado o "Vate de Fontiveros", o objetivo desta antologia recai sobre a transmissão de seus ensinamentos espirituais.

Fazemos votos de que este nosso trabalho traga são João da Cruz para junto de muitas pessoas, que traga sua doutrina e sua experiência de união com Deus para o nosso tempo, para as nossas vidas. Que ele, mestre nos caminhos que levam a Deus, nos tome pela mão e nos conduza, monte acima, àquele lugar onde o "aspirar gostoso de bens e glória cheio" (P 3, 4) é plena realidade.

Monjas Carmelitas Descalças
Carmelo do Imaculado Coração
de Maria e Santa Teresinha
Cotia – SP

I.
UM HOMEM

TRAÇOS BIOGRÁFICOS

Desde sempre predestinado a ser conforme a Cristo

João de Yepes nasceu em Fontiveros, pequeno povoado da Espanha, em 1542. Seu pai, Gonçalo de Yepes, era comerciante de sedas, de ascendência nobre. Em suas viagens de negócios para Medina del Campo, conhece Catarina Alvarez, jovem órfã que trabalha no tear de uma senhora idosa. Apaixonam-se e se casam com a bênção de Deus. No entanto, a diferença social que existe entre os Yepes e a jovem Catarina faz com que a família de Gonçalo não a aceite e o deserde. Não podendo mais contar com seu patrimônio, Gonçalo inicia-se no oficio de sua esposa. Começa também a tecer para sustentar a família. Mas... a peste atinge Gonçalo, que morre cristãmente, como sempre viveu, deixando Catarina viúva, com três filhos: Francisco (1531), Luís (1541) e João.

A pobreza torna-se miséria. Em casa de Catarina, quando havia pão, ou era de cevada ou era um pedaço já duro. A pobre mãe, aflita, não desconfia da Providência Divina. Cheia de esperança, vai até os parentes ricos pedir ajuda, rogar um gesto de caridade para com aqueles que são também sangue de seu sangue.

Mais de uma tentativa impulsionou as atitudes desta mulher forte; mas todas frustradas. Neste tempo, morre também Luís, vítima da fraqueza e da subnutrição.

Estamos em 1551. Catarina já mudara de Fontiveros para Arévalo, tentando uma vida melhor, mas a situação já não pode permanecer como está. Novamente ela lança o olhar para Deus que tudo pode e haure coragem para mais uma empresa. Partirão para Medina del Campo, centro comercial da Espanha e da Europa, que oferece maiores condições de trabalho. As coisas, mesmo se não se organizam como se esperava, ao menos se configuram de maneira melhor.

Em Medina, trabalham no tear tanto Catarina como Francisco e sua esposa, Ana Izquierdo. João é admitido em uma instituição de caridade, que tem por objetivo dar o necessário para as crianças órfãs e ensinar-lhes, além da doutrina, um ofício com o qual poderiam se sustentar na vida.

Com João são feitas várias tentativas: carpinteiro, alfaiate, entalhador, pintor. Apesar de todo o empenho e boa vontade do menino, o resultado era sempre o mesmo. Não tinha as aptidões necessárias. Resta, então, uma última alternativa: ser sacristão. E, aí, João se realiza. Sempre fora educado em um ambiente de piedade. Seu pai fora autêntico cristão; Catarina, desde sua casinha em Fontiveros, trazia consigo uma pequena imagem de Nossa Senhora, sinal de sua arraigada devoção mariana; Francisco tornara-se homem de oração, recebia direção espiritual dos padres jesuítas e tinha o nobre costume de recolher as crianças recémnascidas e abandonadas nas ruas da grande Medina del Campo para batizá-las e buscarlhes uma ama-de-leite.

A Igreja era o ambiente de João. Servia como sacristão das monjas do Convento da Madalena. Seu zelo pelas coisas santas era patente. Fazia tudo com muito cuidado, diligência, seriedade e interesse. Tinha clara consciência de que o serviço do altar era coisa sagrada e mostrava-se sempre disposto a tudo. Foi assim que cativou a simpatia de dom Alonso Alvarez de Toledo, administrador do Hospital "de las bubas", que o convidou para lá trabalhar como enfermeiro.

O jovem João atendia os doentes com muita caridade, paciência e alegria, sempre imbuído do espírito sobrenatural que deve animar as obras de misericórdia. Mais tarde, em seus escritos, ele mesmo nos dirá: "... enquanto a alma não chega ao perfeito estado de união de amor, convém exercitar-se no amor tanto na vida ativa como na vida contemplativa" (C 28, 2). E ainda: "É coisa capital o freqüente exercício de amor, pois, desde que a alma chega à perfeição e consumação do amor, ela não fica por muito tempo nesta vida, nem na outra, sem ver a face de Deus" (Ch 1, 34).

Nesta época, cerca de 1559, a vida de João alterna-se entre a vida de piedade, os serviços do hospital e o estudo. Obtivera de dom Alonso a licença de estudar no colégio dos jesuítas, onde cursou "Gramática, Retórica e Artes". É período sacrificado. O trabalho que desempenha exige dedicação e tempo. O estudo demanda aplicação e constância. E as horas que lhe sobram para isso são aquelas que seriam reservadas ao sono e justo descanso.

Nenhum bem posso achar fora de vós, Senhor

Terminando os seus estudos de humanidades com os jesuítas em 1563, João está com vinte e um anos e sente que é hora de determinar a direção definitiva de sua vida. Sente-se imbuído a servir de modo pleno e exclusivo o santo altar; quer abraçar o sacerdócio, fazer-se ministro de Deus, cuidar das almas. Sabendo de suas intenções, dom Alonso sugere-lhe que siga os estudos eclesiásticos e lhe oferece a capelania do Hospital "de las bubas". Não é coisa que se despreze. Segundo dom Alonso, seria realizar suas aspirações interiores e garantir, também, uma maior segurança para sua família pobre. No entanto, não é desta forma que João quer oferecer o único sacrifício agradável a Deus. Sim, quer ser sacerdote, mas quer também seguir a Cristo mais de perto. Quer viver a vida que o Filho de Deus elegeu para si; quer ser pobre, casto e obediente; quer viver a radicalidade do Evangelho; quer uma comunidade que, participando dos mesmos ideais, lhe seja uma família e viva a caridade do Colégio Apostólico de Cristo. Assim, correspondendo de modo perfeito aos apelos da graça, não se deixa levar pelas boas intenções de dom Alonso. Fiel ao ideal que sente nascer dentro de si, abraça a vida religiosa, entrando para o Carmelo de Medina del Campo.

É aí que toma o hábito dos carmelitas e, no dia 24 de fevereiro de 1564, emite seus primeiros votos. João de Yepes é, agora, frei João de São Matias.

Mas, como era o noviço João de São Matias? Seus companheiros de noviciado nos dão seus testemunhos: "Durante todo o tempo em que o servo de Deus esteve neste mosteiro de Medina del Campo, viveu com grandíssima humildade, grande desejo e fervor pelo Santíssimo Sacramento. Ajudava as missas que se diziam com muito gozo e contentamento. Era muito pontual e buscava a fiel observância da Regra e Constituições" (Testemunhos para os Processos). Frei João buscava a perfeição, como nos pediu Jesus: "Sede perfeitos como vosso Pai Celeste é perfeito" (Mt 5,48). Manifestava esse esforço exteriormente. Primava pela vida de oração, pela observância regular e pela prática das virtudes. E, certamente, Deus se agradava com isso. Suas palavras no *Cânti-*

co espiritual são experiência vivida. "As virtudes que se adquirem no tempo da mocidade são de escol e muito aceitas a Deus justamente por serem desse tempo da juventude, quando há maior contradição dos vícios para adquiri-las (...) E, também, as virtudes, quando são colhidas desde o tempo da mocidade, se adquirem com maior perfeição e, portanto, são mais escolhidas. A alma dá o nome de frescas manhãs a esses tempos de juventude, porque assim como o frescor da manhã na primavera é mais ameno do que nas outras horas do dia, assim as virtudes praticadas na juventude são mais agradáveis a Deus" (C 30, 4).

É notável o empenho de frei João de São Matias, e assim, recém-professo, é enviado por seus superiores à Universidade de Salamanca, uma das mais famosas em toda a Europa da época, a fim de completar os seus estudos de filosofia e teologia.

Seus companheiros também aqui nos falam da vida austera de frei João. Cela pobre, disciplinas, cilícios, jejuns. Mas tudo por amor de Deus e só por amor Dele. "... é necessário ao cristão advertir que o valor de suas boas obras, jejuns, esmolas, penitências etc., não se funda tanto na quantidade e qualidade, como na intensidade do amor de Deus com que as pratica. Serão mais valiosas na medida em que forem feitas com mais pureza e perfeição do amor divino e com menos preocupação de gozo, prazer, consolo ou louvor" (3 S 27,5).

Concluídos os estudos em Salamanca, frei João é ordenado sacerdote do Senhor. Não sabemos a data exata, mas sabemos que, entre setembro e outubro de 1567, vem cantar sua primeira missa em seu convento de origem — Santa Ana — em Medina del Campo.

Madre Teresa de Jesus encontra-se aí, organizando a segunda fundação do Carmelo Reformado entre as monjas. Vendo a necessidade de que suas filhas fossem assistidas espiritualmente por padres que lhes compartilhassem os mesmos anseios, já traz consigo as devidas licenças para iniciar a Reforma também no ramo masculino. Faltam-lhe apenas os padres, que deveriam reunir as virtudes, boa vontade e generosidade de alma para empreender esta obra.

Frei João, de sua parte, está feliz com a vida religiosa que assumiu e com sua ordenação sacerdotal, mas ressente uma deficiência entre o ideal proposto e a vida vivida. No Carmelo, fala-se de Elias, o homem cheio de ardente zelo pelas coisas divinas, penitente, íntimo de Deus; fala-se do deserto, do silêncio, das solidões do Monte Carmelo... Circunstâncias históricas, todavia, fizeram com que os carmelitas se comprometessem com um apostolado intenso, que se permitissem um acúmulo de títulos e honras acadêmicas, que em seus conventos — extensão das desnudas grutas da Terra Santa — entrassem a riqueza e os modos do século.

Deus tem seus desígnios. Frei João encontra-se com madre Teresa. Há comunhão de almas. Ambos têm o mesmo desejo; aspiram ao mesmo ideal; querem a união com Deus; querem, como prova de amor, servir a Deus na maior perfeição.

Madre Teresa vê em frei João um homem segundo o coração de Deus e segundo o seu coração: "Um homem celestial e divino" (Carta 269). Fala-lhe de suas intenções de iniciar a Reforma entre os frades carmelitas, vivendo a Regra dos Irmãos da Bem-aventurada Virgem Maria do Monte Carmelo sem mitigações, conforme já faziam as monjas. Frei João sente um alento em seu coração. Confessa que já pensava em transferir-se à Cartuxa. Madre Teresa o dissuade da idéia. Poderá servir melhor permanecendo na Ordem de Maria, iniciando a Reforma entre os frades e ajudando as monjas. Frei João não se amedronta. Conhece suas limitações; sabe que a obra é grande, mas confia no auxílio divino. Aceita a proposta; no entanto, impõe uma condição: que tudo se faça rápido.

De pés descalços e com burel

Madre Teresa, com todo o seu dinamismo, põe logo mãos à obra e... no dia 28 de novembro de 1568, em Duruelo, pequeno povoado agrícola da província de Ávila, frei João e frei Antônio de Herédia dão início à Reforma entre os frades. Daqui para a frente, vão se chamar frei João da Cruz e frei Antônio de Jesus. Acompanhava-os um diácono, frei José de Cristo, que logo, reconhecendo não ser chamado a viver o carisma da Reforma, retorna ao seu convento de origem. Também fazia parte da nascente comunidade frei Lucas de Celis. Por ser muito doente, nunca vestiu o hábito reformado, mas viveu e compartilhou os primeiros fervores da nova família carmelitana.

A vida dos Descalços caracteriza-se por intensa oração, muita pobreza e simplicidade, penitência e mortificação. Além disso, faz parte da missão dos carmelitas conduzir as almas a Deus e, assim, têm também o tempo destinado à assistência religiosa e a pequenas pregações nos arredores.

A caminho da fundação de Toledo, na Quaresma de 1569, passando por Duruelo, santa Teresa visita seus frades. Eis como nos relata suas impressões:

"Ao entrar na igreja, fiquei espantada ao ver o espírito que o Senhor ali pusera. (...) Havia tantas cruzes! Tantas caveiras!

Nunca vou me esquecer de uma cruzinha de madeira que estava perto da água benta. Tinha pregada uma representação de Cristo em papel. Ela me parecia produzir mais devoção do que se fosse uma peça bem lavrada. O coro era o sótão, cuja metade era alta; podia-se recitar as Horas, mas era preciso que as pessoas se abaixassem muito para entrar e para ouvir missa. Nos dois cantos laterais da igreja, havia duas ermidas onde só se podia ficar deitado ou sentado; estavam cheias de feno, porque o lugar era muito frio e o telhado quase lhes tocava a cabeça, contendo dois postigos que davam para o altar e duas pedras por cabeceiras, ficando ali, ainda, as cruzes e as caveiras.

Eu soube que eles ali ficavam das matinas até a prima, quedando-se em oração, e tão elevada, que por vezes levavam nos hábitos muita neve ao irem para a prima, sem que o tivessem sentido. Diziam suas Horas com outro padre, este Calçado, que foi ficar com eles, embora não tivesse mudado de hábito, por ser muito doente, e um jovem frade não-ordenado que também estava no lugar. (...) Eles iam pregar a uma distância de légua e meia ou duas léguas, descalços (porque na época não tinham alpargatas, as quais só mais tarde os mandaram usar), enfrentando muita neve e frio; depois de terem pregado e confessado, voltavam bem tarde para comer em sua casa. Com o contentamento que tinham, isso nada representava para eles.

Ao ver aquela casinha, pouco antes inabitável, com um ambiente que, para onde quer que olhasse, achava motivos para me edificar, e compreender como viviam, com que mortificação e oração, e o bom exemplo que davam, (...), eu não me fartava de dar graças a Nosso Senhor, com imenso gozo interior, porque me parecia ver um princípio deveras proveitoso para a nossa Ordem e para o serviço de Nosso Senhor" (Fund. 14,6-8.11).

O exemplo edificante daqueles frades não tarda em cativar as pessoas. Logo vão aparecendo as vocações. Duruelo torna-se pequeno. Vão surgindo as novas fundações, e frei João da Cruz começa a exercer seu ministério de Pai da Reforma. É escolhido para mestre de noviços, vai formando a alma dos primeiros carmelitas Descalços, transmitindo-lhes o carisma próprio da Reforma. É exigente, pede generosidade na doação a Deus, mas sabe também usar de benevolência e corrigir com mansidão. Certa vez, vendo-se obrigado a punir um irmão, ordena-lhe que se retire da recreação. Pouco antes de terminar o ato comunitário, lamenta-se, diante de todos, que ninguém tenha vindo até ele implorar-lhe misericórdia para o companheiro. (Cf. Testemunhos para os Processos).

Estava sempre disponível, tinha tempo para ouvir a todos e tratava cada um em particular, atendendo às necessidades próprias de cada membro da comunidade. São seus noviços que nos declaram isso, e também nos contam que, mesmo ocupando cargo de autoridade sobre eles, mostrava-se muito amigo de todos, era o primeiro a prestar ofícios humildes, como varrer os claustros ou lavar os pratos. Tinha especial dedicação aos enfermos e, não raro, era ele mesmo que se punha na cozinha a fim de preparar-lhes a refeição. Algumas vezes, levava os noviços para fazer a meditação na chácara ou no jardim do convento a fim de que aprendessem a contemplar Deus e suas maravilhas na natureza. Durante os recreios, era seu costume fazer as "colações espirituais", isto é, acenar ou mesmo desenvolver algum assunto espiritual, capaz de alimentar a alma.

Ao lado de toda essa assistência aos frades, ainda se dedicava às monjas, confessando-as e dirigindo-as. Entre 1571-1577, frei João é confessor no Convento da Encarnação.

A Igreja é santa, porém feita de homens pecadores. Os frutos que nascem da Reforma são abundantes e os ressentimentos surgem, a inveja nasce, o orgulho aviva-se. Perde-se a paz, começam as dissensões. Nem todos vêem com bons olhos os Descalços. Inicia-se contra frei João uma perseguição que vai terminar com o desastroso acontecimento do dia 2 de dezembro de 1577.

Era o anoitecer. Frei João da Cruz e frei Germano de São Matias tomam sua parca refeição noturna. Estrondo. Irrompem os carmelitas que não tinham aderido à Reforma, acompanhados por guardas, e, entre violência, insultos e ameaças, prendem são João da Cruz e o levam para o cárcere conventual de Toledo.

"Numa noite escura..." (P 2,1)

Frei João, embora se soubesse inocente de todas as acusações que lhe faziam — afinal, todo o procedimento para levar a cabo a Reforma fora feito com as licenças dos Superiores e com a aprovação da Igreja —, não opõe resistência. À imitação de Cristo, permanece manso e humilde. Será esta a atitude do santo durante todo o tempo que passa na prisão. Está vivendo em condições subumanas, em um cubículo pouco arejado, sem luz, jejuando a pão e água, privado do uso do escapulário, sofrendo as penas impostas aos desobedientes. Recebe disciplinas de seus confrades três vezes por semana. No verão, o calor é insuportável; no inverno, o frio é tão intenso a ponto de rachar-lhe a pele [1]. Nosso santo calava tudo por amor a Deus. Nada dizia. Seu carcereiro testemunha: "Por todo tempo que esteve a meu encargo, embora maltrapilho e sem cuidados, apesar da incomodidade do lugar onde estava e de sua fraqueza, vi que levava tudo com muita paciência e silêncio, pois jamais ouvi queixar-se de alguma coisa ou culpar alguém, ou chorar a sua sorte" (Testemunhos para os Processos).

---

1. Na verdade, o cárcere de Toledo era um apartado contíguo a uma cela de hóspedes do convento. Media seis pés de largura e dez de comprimento. Sem janelas, tinha como orifício de ventilação apenas uma seteira de três dedos de largura, junto ao teto.

Frei João da Cruz está vivendo sua doutrina. Tem fé em que tudo concorre para o bem daqueles que amam a Deus; manifesta seu amor a Deus — "o amor não consiste em sentir grandes coisas, mas em ter uma grande desnudez e em padecer pelo Amado" (Ditos 113) — e põe toda a sua esperança em Deus onipotente.

Sem dúvida, é no cárcere que a obra de Deus na alma de são João da Cruz recebe seus aprimoramentos. É aí que se efetivam as últimas purificações, capazes de aniquilar por completo o homem velho e fazer nascer a criatura nova, destinada à união divina.

Ao lado das privações materiais, Deus permite também que nosso santo experimente o abandono espiritual. Nada... Nada... Nada... Vazio completo para ser preenchido por Deus só. Posteriormente, referindo-se a este estado de alma, frei João dirá que a noite do espírito "é horrenda e espantosa" (1 N 8,2) e a descreverá de maneira muito viva:

"Muito penosa é esta perturbação, cheia de receios, imaginações e combates, que abriga a alma em si; com a impressão e sentimento das misérias em que se vê, suspeita que está perdida, e igualmente perdidos para sempre todos os seus bens. Donde traz no espírito tão profunda dor e gemido que lhe provoca fortes rugidos e bramidos espirituais, às vezes pronunciados mesmo com a boca, desatando em lágrimas, quando há força e virtude para assim fazer" (2 N 9,7).

É neste período que frei João compõe parte de suas poesias, entre elas o famoso *Cântico espiritual*: "Onde é que te escondeste, Amado, e me deixaste com gemido?" (P 1,1).

Já são passados nove meses desde o incidente doloroso em Ávila. A situação em Toledo não dá mostras de mudanças; não se tem notícias seguras sobre o destino da Reforma. Então, frei João sente-se interiormente imbuído a tentar a fuga do cárcere. Muitos atribuem esta idéia a uma intervenção da Virgem Maria. O fato é que em meados de agosto, perto da Solenidade da Assunção de Nossa Senhora, as condições se apresentam favoráveis, e frei João foge de sua prisão. Percorre a cidade e é acolhido pelas monjas Descalças de Toledo, que conseguem encaminhá-lo para o Hospital da Santa Cruz, onde se refaz dos desgastes causados pelos maus-tratos no cárcere.

Tão logo se sente refeito, empreende uma viagem até Almodóvar para participar de um importante Capítulo da Descalcez. Aí, com o auxílio de frei João, são tratados assuntos eminentes, como, por exemplo, a situação jurídica dos Descalços e a oportunidade de se constituírem em província autônoma, segundo a vontade também de santa Teresa.

Como modelo do rebanho

Terminado o Capítulo, frei João sai como superior do Convento do Calvário. Daqui em diante, até o último ano de sua vida, será uma contínua sucessão de cargos em diferentes conventos: superior, reitor dos estudantes, vigário geral, definidor, membro da Consulta [2]. Por onde passa, frei João vai deixando suas marcas e formando a fisionomia espiritual do Carmelo teresiano.

Para ele, ocupar um cargo implica profunda transparência de vida. Significa ter a mesma fidelidade de vida de qualquer outro religioso, mas à maneira de exemplo; significa ser formador de uma comunidade; significa, sobretudo, imitar Jesus, que veio não para ser servido, mas para servir. Mais que superior, mostrava-se pai.

Estava tão convencido de que a caridade devia ser a força condutora do governo, a ponto de dizer que, "quando víssemos em nossa Ordem perdida a delicadeza, que faz parte da polidez cristã e monástica, e que, em seu lugar, reinasse a agressividade e a ferocidade nos superiores, vício esse próprio de bárbaros, devíamos deplorá-la como acabada. Pois quem jamais viu as virtudes e as coisas de Deus serem impostas a pauladas e com grosseria?" (Ditames, 11).

---

2. Designação jurídico-eclesiástica dada à reunião dos frades que regiam, então, o Carmelo Descalço.

Conta-nos uma testemunha que, andando pelo claustro ou pelos corredores, "fazia ruído com o rosário que levava pendente na correia, como que a avisar aos religiosos, que estavam falando fora de tempo e lugar, que se recolhessem antes que ele passasse e os visse" (Testemunhos para os Processos).

E, ainda, costumava dizer que "os prelados deviam suplicar freqüentemente a Deus que lhes concedesse prudência religiosa para acertar no governo e guiar pelo caminho do céu as almas a eles confiadas" (Ditames, 14).

Nesta época de sua vida agitada, do ponto de vista administrativo e de governo, frei João dedica-se também à sua atividade intelectual. Escreve, não por vocação, mas visando ao bem dos filhos da Reforma e de seus dirigidos, os comentários de suas poesias. Não descura da assistência espiritual às monjas. Suas cartas, os *Ditos de luz e amor*[3] e as diversas declarações das carmelitas dão provas disso. Eis como respondeu a uma carta das irmãs de Béas, que se lamentavam de sua ausência, daquela vez, necessariamente prolongada:

"Pensam, porventura, que por estar eu tão calado as tenha perdido de vista e deixe de

---

3. Os *Ditos de luz e amor* são a compilação de frases espirituais que o santo costumava escrever durante os intervalos do atendimento às confissões das monjas. Antes de retornar ao seu convento, ele entregava a cada irmã a pequena tira de papel que continha o conselho mais necessário ao seu progresso espiritual.

considerar com que grande facilidade podem ser santas e com que sumo gozo e seguro amparo podem andar em deleites do amado Esposo? Pois eu irei aí e então hão de ver como não andava esquecido, e veremos as riquezas adquiridas no amor puro e nas sendas da vida eterna e os belos passos que dão em Cristo, cujas delícias e coroas são as suas esposas" (Ct 20).

Atende também os leigos, desde os mais simples lavradores das vizinhanças dos conventos carmelitanos até os reitores das Universidades que vêm à sua procura. Entre estas pessoas, destacamos dona Ana de Peñalosa, senhora viúva a quem o santo dedica o comentário da *Chama viva de amor*. Sabemos que essa obra trata do mais alto grau da mística, e convém notar que o santo a escreve para uma senhora leiga. Isto denota que a doutrina de são João da Cruz dirige-se a todos! Também aos leigos! Pois todos somos chamados à santidade, à união com Deus.

Além disso tudo, nosso santo ainda se põe a trabalhar ao lado dos pedreiros e serventes nas construções dos conventos, praticando sempre a humildade, buscando sempre o último lugar.

Sua vida se desenvolve neste ritmo até o Capítulo de Madri, aberto no dia 1º de junho de 1591.

"Em solidão vivia. Em solidão seu ninho há já construído" (P 1,35)

Há divisões internas na Descalcez. Discutem-se problemas com relação às monjas; fala-se da situação do padre Graciano, antigo provincial; estuda-se a questão da atividade apostólica, das missões... Frei João não se omite. Busca não deturpar o pensamento de santa Teresa e evidenciar as linhas originais do carisma do Carmelo Reformado, dom para toda a Igreja. Porém, não é bem-acatado. No final do Capítulo, sai sem nenhum cargo, como simples religioso, destinado ao longínquo Convento de La Peñuela.

Para frei João, isso é uma graça. Deseja a solidão, o silêncio, a quietude, para estar a sós com Deus. "...acho-me muito bem, sem nada saber, e o exercício do deserto é admirável" (Ct 53).

Nesta ocasião, ventila-se a possibilidade de enviá-lo ao México, distante de todos os acontecimentos da Consulta. Está, como sempre esteve, pronto a obedecer. Àqueles que se lamentam das injustiças praticadas contra ele, responde: "...Com que me entristeço, e muito, é que se lance a culpa em quem não tem; pois estas coisas não são dispostas pelos homens, e sim por Deus, que sabe o que nos convém e as ordena para nosso bem. Não pense outra coisa senão que tudo é ordenado por Deus" (Ct 47).

Também nesta época, começa uma perseguição contra frei João da Cruz, desta vez encabeçada pelos próprios Descalços. São inúmeras as calúnias que se levantam contra ele, contra o seu procedimento moral. Mas nosso santo aceita tudo em espírito de fé e confiança em Deus. Ama o sofrimento porque sabe que é o único meio que temos para nos configurarmos a Cristo e que tem um valor inestimável diante de Deus.

"Oh! Se acabássemos já de entender como não é possível chegar à espessura e sabedoria das riquezas de Deus, tão numerosas e variadas, a não ser entrando pela espessura do padecer de muitas maneiras (...). A alma verdadeiramente desejosa da sabedoria divina deseja, primeiro — para nela entrar —, padecer na espessura da cruz!" (C 36,13). "Os sofrimentos abraçados por Deus são como pérolas preciosas, cujo valor aumenta na proporção do tamanho (...). Por um momentâneo padecer por Deus aqui na terra, concede Sua Majestade imensas e ternas delícias no céu, isto é, Ele mesmo, sua formosura, sua glória" (Ditames 1,18).

Cantar matinas no céu

Pelo final de setembro, frei João é acometido de algumas febres. Por falta de recursos no isolado Convento de La Peñuela, deve ser transferido para outra casa. Entre as possibilidades que se lhe oferecem, frei João escolhe a casa de Úbeda. Por quê? Porque é pouco conhecido no lugar e sabe que sua pessoa não é muito simpática ao prior daquele convento. Até o fim da vida, porá em prática aquele "não ao mais saboroso, senão ao mais insípido" (1 S 13,6), ensinado aos noviços.

As febres são ocasionadas pela inflamação de uma ferida na perna. A ferida torna-se uma chaga. Já não é uma; são muitas. São necessárias intervenções cirúrgicas, a sangue-frio... O estar continuamente deitado provoca o aparecimento de algumas escaras. Tem o pulmão afetado. Resignação... Resignação... O médico adverte os frades de que já não há solução; que preparem frei João da Cruz para a morte.

Prepará-lo? Mas não é esta a hora ardentemente desejada há tempos? Não escrevera ele antes: "Oh! Rompe a tela desse doce encontro!"? (Cf. P 3,1).

Nos últimos dias, frei João se mostra particularmente preocupado com o correr do tempo. Está sempre perguntando as datas. Isso pode parecer estranho para nós, mas para frei João da Cruz, aqueles eram momentos de grande expectativa. Dizia ter vindo até La Peñuela a fim de preparar a provisão para as "Índias do céu" e não para as Índias (México), e que pensava ocupar-se nisso até findar ali os poucos dias que lhe restavam de vida (cf. Ct 49).

Chegando o dia 13 de dezembro, seu rosto transfigura-se, ilumina-se. Começa, então, a indagar pelas horas. Passa o dia todo entre silêncios prolongados e breves interrogações: "Que horas são?" Quando sabe que já são 22h, diz aos irmãos que o acompanham na cela que descansem um pouco. Chamará mais tarde. Fica em oração cerca de hora e meia e, então, chama a comunidade e rezam juntos os salmos. Quando o padre prior inicia as preces de encomendação da alma, frei João o detém e diz: "Deixe isso, Nosso Padre. Leia-me, por caridade, o Cântico dos cânticos". Terminando de ouvi-lo, exclama: "Que pérolas preciosas!"

Torna a perguntar as horas. É quase meia-noite. Frei João sorri e diz: "A esta hora estarei cantando matinas no céu".

E, ao soar das primeiras badaladas do sino, como se a escutar o sinal de partida, frei João rejubila: "Glória a Deus! Irei cantá-las no céu!" (Cf. Testemunhos para os Processos).

Eram os primeiros minutos do dia 14 de dezembro de 1591, sábado, dia dedicado a Nossa Senhora [4].

---

4. Para uma biografia mais detalhada, indicamos: DI BERARDINO, Pedro Paulo – São João da Cruz, Doutor do "Tudo e Nada" (trad. do Carmelo do Imaculado Coração de Maria e Santa Teresinha – Cotia), São Paulo, Paulus, 1992.

II.

UM MESTRE

ASPECTOS DOUTRINAIS

"Para este fim de amor fomos criados"
(C 29,3)

O Concílio Vaticano II relembra-nos que "a razão principal da dignidade humana consiste na vocação do homem para a comunhão com Deus" (GS 19). Sim. O nosso fim último é a participação da vida divina, mas, para que haja realmente "comum + união", é necessária a presença de elementos de semelhança. Todos sabemos: dois corpos não podem subsistir no mesmo espaço ao mesmo tempo. Luz e trevas não se coadunam. E nossa condição atual nos coloca em um plano de dessemelhança com Deus.

"Que união pode haver entre justiça e iniqüidade? Ou que comunidade pode haver entre luz e trevas? Qual a compatibilidade entre Cristo e o maligno? Ou que acordo entre o fiel e o infiel?" (2Cor 6,4).

Torna-se, assim, evidente que, para atingirmos e realizarmos de modo pleno a nossa vocação, é preciso recuperar nossa "imagem e semelhança" com Deus.

É certo que a morte e ressurreição de Cristo regenerou e reconciliou todo o gênero humano com Deus, mas não se pode esquecer que esta redenção é a realização, na história, dos acontecimentos salvíficos, segundo a promessa do próprio Deus de enviar um Messias à humanidade. Trata-se, em outras palavras, de uma realidade posta no plano objetivo e genérico. A redenção, no entanto, pode ser vista por outra ótica: no plano subjetivo e pessoal. Aqui, deve-se entender a aplicação do poder redentor a cada um de nós, possibilitando a individual reconciliação com Deus. A realização desta última, é lógico, está em relação direta com a disponibilidade do homem em entregar-se a Deus como objeto de redenção. Usando as palavras de são João da Cruz, há uma união que se faz de "uma só vez", e outra, "ao passo da alma, de grau em grau" (cf. C 23,6).

Em todos os seus escritos, o Doutor Místico quer nos dispor para a colaboração com a obra divina, quer nos indicar os meios para nos despojarmos de nossas dessemelhanças com Deus e nos tornarmos capacidade para acolher a divindade e com ela vivermos.

"Assim como o sol está madrugando para penetrar em tua casa, se lhe abrires a janela, assim também Deus, que não dorme em guardar Israel, está vigilante para entrar na alma vazia e enchê-la de bens divinos" (Ch 3,46).

"De amor em vivas ânsias inflamada" (P 2,1)

Deus é o agente primeiro. Dele procede toda a iniciativa. É ele que, em seus desígnios misericordiosos, ama-nos por primeiro, escolhe-nos e nos convida à comunhão.

A Deus, que chama cada um pelo nome, responde a alma, também de maneira pessoal, iniciando um processo de busca do estado unitivo, através de uma doação mais perfeita a ele. De resto, não se pode amar a Deus sem se sentir amado por ele. É a doação gratuita e amorosa de Deus ao homem que fundamenta a resposta da alma como entrega de si mesma a ele.

"A alma conhece a enorme dívida para com Deus que lhe deu o ser, a fim de que a alma pertencesse totalmente a ele; deve, portanto, só a Deus o serviço de sua vida. Em ter sido remida por ele, ficou-lhe devedora de tudo e na necessidade de corresponder ao seu amor, livre e voluntariamente. E em outros mil benefícios se acha obrigada para com Deus, antes mesmo que houvesse nascido (...). E assim a alma, sobretudo por sentir a Deus muito afastado e escondido, em razão de ter ela querido esquecer-se dele no meio das criaturas, (...) renuncia a todas as coisas; dá de mão a todo negócio e sem dilatar mais dia nem hora, com ânsia e gemido a brotar-lhe do coração já ferido pelo amor de Deus, começa a invocar seu Amado, e diz: Onde é que te escondeste?" (C 1,1).

O primeiro passo, portanto, é provocado pela consciência do amor divino — manifestado na criação e redenção — e consiste no desapego das criaturas que, tomando o espaço interior de Deus, fizeram a alma afastar-se dele.

Aqui cabe lembrar que as criaturas em si mesmas não são más. O modo com que as amamos é que é desregrado. Nós as queremos pelo prazer e satisfação que podem causar aos nossos sentidos e, no entanto, só devemos amá-las na sua dependência de Deus. Na verdade, "não são as coisas deste mundo que ocupam a alma nem a prejudicam, (...) mas somente a vontade e o apetite que nela estão e a inclinam para estes mesmos bens" (1 S 3,4).

A meta a ser atingida nesta primeira etapa é a purificação dos sentidos, a fim de nos relacionarmos com as criaturas como Deus se relaciona com elas. Para isso, são João da Cruz indica o caminho de maneira bem concreta: imitar a Jesus Cristo, purificar os sentidos, purificar as paixões e purificar o amor-próprio. Vejamos como ele nos apresenta seus conselhos:

"Primeiramente, tenha sempre a alma o desejo contínuo de imitar a Cristo em todas as coisas, conformando-se à sua vida, que deve meditar para saber imitá-la, e agir em todas as circunstâncias como ele próprio agiria.

Em segundo lugar, para bem poder fazer isto, se lhe for oferecida aos sentidos alguma coisa de agradável que não tenda exclusivamente para a honra e a glória de Deus, renuncie e prive-se dela pelo amor de Jesus Cristo, que, durante a vida, jamais teve outro gosto, nem outra coisa quis, senão fazer a vontade do Pai, a que chamava sua comida e manjar. Por exemplo: se acha satisfação em ouvir coisas em que a glória de Deus não está interessada, rejeite esta satisfação e mortifique a vontade de ouvir. Se tem prazer em olhar objetos que não a levam a Deus, afaste este prazer e desvie os olhos. Igualmente nas conversações e em qualquer outra circunstância, deve fazer o mesmo. Em uma palavra, proceda deste modo, na medida do possível, em todas as operações dos sentidos; no caso de não ser possível, basta que a vontade não queira gozar desses atos que lhe vão na alma. Desta maneira, há de deixar logo mortificados e vazios de todo o gosto, e como às escuras. E, com este cuidado, em breve aproveitará muito.

Para mortificar e pacificar as quatro paixões naturais que são gozo, esperança, temor e dor, de cuja concórdia e harmonia nascem inumeráveis bens, trazendo à alma grande merecimento e muitas virtudes, o remédio universal é o seguinte:

Procure sempre inclinar-se não ao mais fácil, senão ao mais difícil. Não ao mais saboroso, senão ao mais insípido. Não ao mais agradável, senão ao mais desagradável. Não ao descanso, senão ao trabalho. Não ao consolo, mas à desolação. Não ao mais, senão ao menos. Não ao mais alto e precioso, senão ao mais baixo e desprezível. Não a querer algo, e, sim, a nada querer. Não a andar buscando o melhor das coisas temporais, mas o pior; enfim, desejando entrar, por amor de Cristo, na total desnudez, vazio e pobreza de tudo quanto há no mundo.

Abrace de coração essas práticas, procurando acostumar a vontade a elas. Porque, se de coração as exercitar, em pouco tempo achará nelas grande deleite e consolo, procedendo com ordem e discrição.

(...) proporemos outro gênero de exercício que ensina a mortificar a concupiscência da carne, a concupiscência dos olhos e a soberba da vida; são três coisas essas que, como afirma são João, reinam no mundo, e das quais procedem todos os outros apetites desordenados.

O espiritual deve: 1° Agir em seu desprezo e desejar que os outros o desprezam. 2° Falar contra si e desejar que os outros também o façam. 3° Esforçar-se por conceber baixos sentimentos de sua própria pessoa e desejar que os outros pensem do mesmo modo" (1 S 13,3-9).

É trabalho duro e prolongado, que vai contra todas as nossas tendências naturais e, por isso mesmo, não raro assume as características de verdadeira luta espiritual. Mas o "combate espiritual" é atitude genuinamente cristã; existe desde os primórdios da Igreja. Pode-se constatar isso nas epístolas paulinas, com as quais, aliás, o santo confirma a sua doutrina. Veja-se, por exemplo: C 3,9-10.

Empresa árdua, sim, mas fundamental. Descrevendo as prerrogativas do coração que busca a Deus, nosso santo diz que deve ser "despojado e forte, livre de todos os males e bens que não são puramente Deus" e, para isso, "é necessário ter ânimo e fortaleza" (cf. C 3,5). Sabemos que é somente calando os gritos e solicitações do mundo que criamos espaços e abrimos amplidões por onde entre a presença santificadora de Deus. Trata-se da tradicional postura do silêncio que é escuta, e que deve ser uma constante em nossas vidas.

Na doutrina sanjuanista, convencionou-se chamar esta fase da vida espiritual de NOITE ATIVA DOS SENTIDOS, isto porque, aqui, é o homem quem age, colocando na escuridão, na privação, os seus sentidos.

"Já minha casa estando sossegada" (P 2,2)

Ao lado da parte sensitiva, no homem existem também potências espirituais. São elas o entendimento, capaz de proporcionar o conhecimento dos objetos; a memória, capaz de desejar um objeto conhecido; a vontade, capaz de amar um objeto conhecido. No itinerário da busca da união com Deus, também elas devem ser disciplinadas, devem passar por um processo de purificação.

Isto ocorre porque a operação de tais potências está ligada ao meio externo que nos rodeia. Todo objeto que podemos conhecer, desejar e amar só pode provir da realidade exterior sensível, que é captada pelos nossos sentidos. Ora, Deus é Espírito Infinito, e daí procede uma desadequação entre o modo de operar de nossas faculdades — dependentes do meio externo e das criaturas — e o objeto a ser por elas conhecido, desejado e amado: Deus.

"... entre todas as criaturas superiores ou inferiores, nenhuma há que se aproxime de Deus, nem que tenha semelhança com o ser divino. Porque embora todas tenham certa relação com Deus e possuam alguns vestígios do seu ser, como dizem os teólogos, umas em maior proporção e outras em menor, segundo seu grau de excelência, entre Deus e elas, contudo não há semelhança essencial. Há, pelo contrário, uma distância infinita entre o ser divino e o ser das criaturas. (...) Em suma, o entendimento, com seus conceitos, não poderá entender algo semelhante a ele (Deus), nem a vontade poderá gozar delícias ou suavidades comparáveis às que se acham em Deus, nem a memória formará na imaginação qualquer figura que o represente" (2 S 8,3.5).

O meio para apropriar nossas potências espirituais às realidades divinas a serem por elas assimiladas é reduzir sua operação, na busca de Deus, à prática das virtudes teologais, isto é, despojá-las de seu modo natural de agir para revesti-las do modo divino de agir.

De fato, as virtudes teologais, relacionando-se de modo imediato com Deus, são as únicas capazes de anular a distância entre Criador e criaturas. Expliquemo-nos melhor:

A fé nos faz conhecer as realidades à maneira de Deus. Permitir que a fé aja em nós é deixar que Deus pense em nós. A esperança nos faz desejar as realidades que Deus deseja. Quando a esperança rege nossos anseios, é Deus que deseja em nós. A caridade nos faz amar as realidades amáveis por Deus. Se nós amamos impelidos pela caridade, é Deus que ama em nós. Portanto, para realizar verdadeiramente a união com Deus nesta vida, é necessário reduzir o entendimento a conhecer Deus somente pela fé, a memória, a desejar Deus somente pela esperança e a vontade, a amar a Deus somente pela caridade (cf. 2 S 6,2-6). E são João da Cruz esclarece como se desenvolve o processo.

"São elas (as virtudes teologais) convenientíssima disposição para se unir com Deus segundo as três potências: entendimento, memória e vontade. A fé esvazia e obscurece o entendimento de todos os seus conhecimentos naturais, dispondo-o assim à união com a sabedoria divina; a esperança esvazia e afasta a memória de toda posse de criatura, porque, como diz são Paulo, 'a esperança tende ao que não se possui', e por isso aparta a memória de tudo quanto pode possuir, a fim de a colocar no que espera. Deste modo, a esperança em Deus só dispõe puramente a memória para a união divina. E, enfim, a caridade, de maneira semelhante, esvazia e aniquila as afeições e apetites da vontade em qualquer coisa que não seja Deus, e os põe só nele. Assim, também, esta virtude dispõe esta potência, e a une com Deus por amor. Como, pois, estas virtudes têm ofício de apartar a alma de tudo o que é menos do que Deus, conseqüentemente têm o de uni-la com Deus" (2 N 21,11).

Os escritos de são João da Cruz tratam minuciosamente da maneira de inserir nossas potências espirituais no âmbito exclusivo da fé, esperança e caridade. Tal aspecto é desenvolvido de modo particular nos livros segundo e terceiro da *Subida do Monte Carmelo*, que giram, justamente, em torno deste assunto. Se tivéssemos de nos referir a um texto que sintetizasse esta práxis de despojamento, apontaríamos:

• *quanto ao entendimento:*

"É claro que nenhuma dessas notícias[5] pode encaminhar o entendimento imediatamente a Deus; para chegar, pois, a ele (o espiritual), há de proceder antes não compreendendo do que procurando compreender; deve, antes, pôr-se em trevas do que abrir os olhos, para receber melhor a iluminação do raio divino. (...). O entendimento, para estar disposto à divina união, têm necessidade de permanecer na pureza e no vazio de todas as coisas sensíveis, desprendido e desocupado de todo conhecimento distinto, para assim, tranqüilo e em silêncio, estabelecer-se na fé — único meio próximo e proporcionado para a alma chegar à união com Deus. (...). Porque assim como

---

5. Por "notícia" deve-se entender, aqui, qualquer apreensão do entendimento a partir das criaturas.

Deus é infinito, a fé no-lo propõe infinito; como é Trindade de pessoa em unidade de natureza, do mesmo modo a fé no-lo mostra como tal; enfim, como Deus é treva para nosso entendimento, também a fé semelhantemente nos cega e deslumbra. Portanto, só por este meio da fé se manifesta Deus à alma, em divina luz que excede todo entendimento; e, quanto mais fé tem uma alma, mais unida está com Deus" (2 S 8,7 e 2 S 9,1).

• *quanto à memória:*

"Diremos o modo necessário para entrar a memória ativamente, tanto quanto é possível à sua própria habilidade, nessa noite e purificação. Tenha sempre o espiritual esta cautela: em tudo o que vir, ouvir, gostar, cheirar e tocar, não procure fazer arquivo ou presa na memória, antes esqueça depressa; e isso, faça com o mesmo empenho com que as outras pessoas procuram lembrar; de maneira que não lhe fique impressa na memória notícia ou figura alguma daquelas coisas, como se jamais houvessem existido no mundo; deixe a memória livre e desembaraçada, sem prendê-la a qualquer consideração, do céu ou da terra, perdida num total olvido, como se não tivesse memória, e como sendo obstáculo para a união; pois tudo o que é natural antes estorva que ajuda, quando se quer usar dele para o sobrenatural" (3 S 2,14).

- *quanto à vontade:*

"Ao tratar do despojamento e da noite ativa da vontade para estabelecê-la nesta divina virtude da caridade, não encontro autoridade mais conveniente do que passagem do Deuteronômio, cap. VI, em que diz Moisés: 'Amarás ao Senhor, teu Deus, de todo o teu coração, e de toda a tua alma, e de todas as tuas forças'. Encerram estas palavras tudo quanto o espiritual deve fazer e tudo o que tenho a ensinar-lhe aqui, para chegar verdadeiramente a Deus, pela união de vontade, por meio da caridade. Esse mandamento impõe ao homem o dever de empregar todas as suas potências, forças, operações e afetos de sua alma no serviço do Senhor, de modo que toda a habilidade e força da alma sejam dirigidas a ele somente, segundo o pensamento de Davi: 'Guardarei minha força para vós'.

A força da alma reside nas suas potências, paixões e apetites, governados pela vontade. Quando esta os dirige para Deus e os afasta de tudo o que não é ele, guarda a fortaleza da alma para o Senhor, e na verdade ama-o com toda a sua força. (...) Quando a alma dirige gozo, esperança, dor e temor para Deus por um exercício racional, isto é, não goza senão puramente com o que se refere à honra e glória divina, não põe sua esperança em coisa alguma fora de Deus, não se entristece senão somente com o que desagrada ao Senhor, não teme senão unicamente a ele, então é evidente que as paixões guardam a fortaleza e capacidade da alma só para Deus. E, pelo contrário, quanto mais a alma quiser deleitar-se em outra coisa fora de Deus, tanto menos concentrará seu gozo nele; quanto mais esperar outra coisa, menos esperará em Deus, e assim quanto às outras paixões. (...).

Para chegar à união com Deus, tudo está precisamente em purificar a vontade dos seus afetos e apetites, transformando assim essa vontade grosseira e humana em vontade divina, identificada à vontade de Deus" (3 S 16,1-3).

As virtudes teologais devem impregnar todas as nossas ações; elas devem ser como que as lentes com as quais interpretamos todas as circunstâncias que nos rodeiam e o registro de linguagem com o qual respondemos a toda manifestação divina. É necessário que a fé se torne adesão submissa à verdade e à vontade de Deus, tanto quando a podemos compreender como quando não conseguimos entendê-la. A esperança deve nos levar a viver com os olhos fixos nas promessas do amor divino, independentemente dos momentos em que as sentimos — ou não — realizando-se em nossas pessoas. A caridade será a resposta consciente ao amor divino que se manifestou primeiro e de modo gratuito. "Amor com amor se paga" (C 9,7) — dirá nosso santo — sem se importar com os sacrifícios que este Amor possa exigir. Em suma, é adquirir o hábito de uma vida teologal.

Se a purificação dos sentidos é penosa, esta de que tratamos agora, uma vez que está relacionada com aquilo que é essencialmente humano — a parte racional e afetiva do homem —, assume dimensão "semelhante a uma morte e aniquilamento" (2 S 7,6). É o perder a vida para ganhá-la (cf. Mc 8,35).

Aparentemente, esta afirmação pode parecer paradoxal, mas a lógica que lhe está subjacente é bastante simples. Cada ser vivo vive por sua operação. Porque somos chamados a viver a comunhão com Deus, devemos viver a vida de Deus. É, portanto, necessário trocar nossa vida pela vida divina, morrer ao próprio EU para agir sob a moção de um outro princípio.

São João da Cruz aponta, então, para Cristo, nosso modelo. Também ele, antes de retornar ao Pai, isto é, antes de sua ressurreição, passou por um completo aniquilamento tanto na parte sensitiva como na espiritual.

"Tendo dito que Cristo é o caminho, e que para segui-lo é preciso morrer à mesma natureza tanto nas coisas sensíveis como nas espirituais, quero explicar agora como se realiza isto a exemplo de Cristo; porque ele é nosso modelo e luz.

Quanto ao primeiro ponto: é certo que Nosso Senhor morreu a tudo quanto era sensível, espiritualmente durante a vida, e naturalmente em sua morte. Na verdade, segundo suas próprias palavras, não teve onde reclinar a cabeça na vida, e muito menos na morte.

Quanto ao segundo ponto: é manifesto ter ficado na hora da morte também aniquilado em sua alma, sem consolo nem alívio algum, no desamparo e abandono do Pai, que o deixou em profunda amargura na parte inferior da alma. Tão grande foi esse desamparo, que o obrigou a clamar na cruz: 'Meu Deus, meu Deus, por que me desamparaste?'. Nessa hora em que sofria o maior abandono sensível, realizou a maior obra que superou os grandes milagres e prodígios operados em toda a sua vida: a reconciliação do gênero humano com Deus, pela graça. Foi precisamente na hora do maior aniquilamento do Senhor em tudo que essa obra se fez; aniquilamento quanto à sua reputação, reduzida a nada aos olhos dos homens, e estes, vendo-o morrer na cruz, longe de estimá-lo, dele zombavam; quanto à natureza, pois nela se aniquilava morrendo; e, enfim, quanto ao seu espírito, igualmente exposto ao desamparo pela privação do consolo interior do Pai, que o abandonava para que pagasse puramente a dívida da humanidade culpada, efetuando a obra da redenção nesse aniquilamento completo. Profetizando sobre isto, diz Davi: 'Também eu fui reduzido a nada e não entendi'. Compreenda agora o bom espiritual o mistério desta porta e deste caminho — Cristo — para unir-se com Deus. Saiba que quanto mais se aniquilar por Deus segundo as duas partes, sensitiva e espiritual, tanto mais se unirá a ele e maior obra fará. E, quando chegar a reduzir-se a nada, isto é, à suma humildade, se

51

consumará a união da alma com Deus, que é o mais alto estado que se pode alcançar nesta vida. Não consiste, pois, em recreações, nem gozos, nem sentimentos espirituais, e sim numa viva morte de cruz para o sentido e para o espírito, no interior e no exterior" (2 S 7,9-11). Trata-se do Mistério Pascal de Cristo, que cada cristão deve reviver de modo pessoal. "Se com ele morremos, com ele viveremos" (2Tm 2,11).
É esta a NOITE ATIVA DO ESPÍRITO.

"Se a alma busca a Deus, muito mais a procura seu Amado" (Ch 3,28)

Ao lado deste empenho negativo das purificações dos sentidos e das potências espirituais, deve existir, também, um trabalho positivo. Não basta esvaziar-se para Deus; é necessário sair e ir ao seu encontro. Tal se efetiva mediante a oração, entendida, aqui, como tempo determinado, reservado exclusivamente para Deus. É na constância desta atitude que nos vamos tornando familiares com as coisas divinas.

A oração que caracteriza este período das purificações ativas é a meditação, isto é, uma consideração atenta, às vezes com o auxílio da imaginação, de um atributo divino, de uma passagem do Evangelho ou de uma palavra de Jesus.

No entanto, chegará um momento em que a alma encontrará dificuldade em prosseguir com esta oração discursiva e conceitual. Para ela, isso se configura como infidelidade a Deus. A realidade, todavia, não é essa. Deus, vendo as disposições interiores da alma e a melhor capacidade para acolhê-lo — adquirida, lembre-se aqui, pelo exercício das purificações e da oração —, quer comunicar-se a ela de maneira mais intensa, quer libertá-la "do baixo exercício do sentido e do discurso em que tão limitadamente e com tantos inconvenientes anda buscando a ele" (1 N 8,3). Em outros termos, quer introduzi-la em um grau de maior intimidade, em um novo modo de oração: a contemplação.

Para isso, Deus procede como a mãe que "põe suco de aloés amargo no doce peito; desce o filhinho dos braços e o faz andar por seus próprios pés, para que, perdendo os modos de criança, se habitue a coisas maiores e mais substanciais" (1 N 1,3). A criança estranha a nova situação, ressente o desamparo da mãe. Analogamente, a alma, porque não adaptada à nova maneira de Deus comunicar-se a ela, também sofre sua incapacidade de meditar, angustia-se e tem a sensação de retroceder no caminho espiritual. Pensa que Deus se descontenta com ela e a castiga.

Mas, porque esta dificuldade pode surgir tanto pela tibieza como por indisposições físicas, são João da Cruz indica três sinais para reconhecer a aridez proveniente da ação de Deus:

"O primeiro sinal é não poder meditar nem discorrer com a imaginação, nem gostar disso como antes; ao contrário, (o espiritual) só acha secura no que até então o alimentava e lhe ocupava o sentido. Enquanto, porém, tiver facilidade em discorrer e achar sabor na meditação, não a deve deixar, salvo quando a alma estiver na paz e quietação indicadas no terceiro sinal.

O segundo é não ter vontade alguma de pôr a imaginação nem o sentido em outras coisas particulares, quer exteriores, quer interiores. Não me refiro às distrações da imaginação, pois esta, mesmo no maior recolhimento, costuma andar vagueando; digo somente que não há de gostar a alma de fixá-la voluntariamente em outros objetos.

O terceiro sinal, e o mais certo, é gostar a alma de estar a sós com atenção amorosa em Deus, sem particular consideração, em paz interior, quietação e descanso, sem atos e exercícios das potências, memória, entendimento e vontade, ao menos discursivos, que consistem em passar de um a outro; mas só com a notícia e advertência geral e amorosa já mencionada, sem particular inteligência de qualquer coisa determinada. (...).

No princípio, entretanto, quando começa este estado, quase não se percebe esta notícia amorosa, e isto por duas causas: primeira, porque no começo costuma ser a contemplação mui sutil e delicada e quase insensível; segunda, porque tendo a alma se habituado à meditação, cujo exercício é totalmente sensível, com dificuldade percebe esse novo alimento insensível e já puramente espiritual. Mormente acontece isto quando a alma, por não conhecer seu estado, agita-se e se esforça por voltar ao outro exercício da meditação. Embora com esse novo alimento seja mais abundante a amorosa paz interior, a inquietação impede a alma de senti-la e gozá-la. Mas, na medida em que a alma se for habituando a permanecer sossegada, irá crescendo a tranqüilidade e aquela notícia amorosa e geral de Deus, nela encontrando mais gosto do que em todas as outras coisas, pois a enche de paz, descanso, gozo e deleite, sem trabalho" (2 S 13,2-4.7)[6].

Esta impotência para meditar marca, no campo da purificação, a entrada na noite passiva.

Por NOITE PASSIVA deve-se entender a ação purificadora de Deus no homem. Aqui o homem não mais age, mas sofre, padece o agir de Deus. Agora ele não é mais o agente, mas o paciente.

Convém notar que Deus vem purificar a alma para dar-se mais a ela porque, nestas fases iniciais, apesar de toda a diligência posta em purificar-se e em servir a Deus, ela traz ainda em si muita fraqueza e imperfeição. É movida pelo gosto e auto-satisfação que en-

---
6. O santo retoma o argumento em 1 N 9,1-9.

contra na prática de tais atos de piedade, e não pelo puro amor desinteressado de Deus.

"Por mais que a alma principiante se exercite na mortificação de todas as suas ações e paixões, jamais chegará a consegui-lo totalmente, por maiores esforços que empregue, até que Deus opere passivamente nela por meio da purificação da noite" (1 N 7,5).

"Tu nunca matas, a não ser para dar vida, nunca chagas, a não ser para curar" (Ch 2,16)

No seu início, a vida espiritual é sempre marcada por abundantes consolações e gosto sensível nas práticas de piedade. Tudo se reveste do suave caráter da descoberta, da novidade que leva aos conhecimentos mais profundos de Deus. A liturgia, com seus gestos e palavras, torna-se meio propício para a comunhão com o mistério divino; os exercícios espirituais e práticas ascéticas apresentam-se atraentes e são veículos para responder ao amor de Deus. Também a oração é vivida como o momento do verdadeiro encontro com Deus; encontro amoroso, fundamentado na ternura e misericórdia divinas.

Sem dúvida, essa realidade tem sua função providencial no desenvolvimento para a união com Deus, pois esses gostos sensíveis desempenham a não pouco importante missão de sustentar, de não deixar desfalecer nem desanimar aqueles que se iniciaram no caminho da perfeição. Mas, por outro lado, como já dissemos, eles podem provocar e alimentar em nossa natureza já corrompida uma série de imperfeições. Não é raro que os principiantes se sintam bastante convictos de sua santidade, que pratiquem as virtudes com ostentação e presunção, que sejam mais amigos de ensinar do que de aprender. Tendem, também, a buscar toda sorte de devoções, livros e objetos de piedade, apegando-se ao aspecto externo, com curiosidades, e deixando de lado a essência, que é permanecer no amor de Deus. Se não conseguem cumprir suas devoções como gostariam, tornam-se irritadiços, não aceitando as próprias limitações. Apresentam, ainda, um certo zelo inquieto, vigiando as atitudes alheias, faltando à caridade e difamando o próximo (cf. 1 N 2,1 a 1 N 7,4).

A fim de corrigir estes defeitos e de poder dar-se à alma de uma maneira mais condizente com seu ser espiritual, Deus age nela através da NOITE PASSIVA DOS SENTIDOS.

Esta consiste na suspensão dos gostos sensíveis que a alma encontra nas coisas divinas. Deus foge, faz-se ausente, e nasce o deserto da sensibilidade. A angústia, então, invade a alma, que, posta em um contexto novo, não sabe como movimentar-se e sente-se sem arrimo.

"Eis que de repente os mergulha (os principiantes) Deus Nosso Senhor em tanta escuridão que ficam sem saber por onde andar, nem como agir pelo sentido, com a imaginação e o discurso. Não podem dar mais um passo na meditação, como faziam até agora. Submergido o sentido interior nesta noite, deixa-os Deus em tal aridez que não somente lhes é tirado todo o gosto e sabor nas coisas espirituais, bem como nos exercícios piedosos, antes tão deleitáveis, mas, em vez de tudo isso, só encontram amargura e desgosto. Vendo-os Deus um pouquinho mais crescidos, quer que se fortaleçam e saiam das faixas da infância" (1 N 8,3).

Por parte da alma, a interpretação para estes fatos é a de uma punição de Deus, a quem ela teria sido infiel. Este é o grande sofrimento da noite passiva dos sentidos. Mais que a aridez, os principiantes sentem "o receio de haverem errado o caminho, pensando ter perdido todos os bens sobrenaturais, e estar abandonados por Deus, porque nem mesmo nas coisas boas podem achar arrimo ou gosto" (1 N 10,1).

Para remediar tal situação, procuram agir, meditar, esforçam-se no exercício das práticas anteriores, mas nada disso surte resultado. Ao contrário, perturba ainda mais a alma, que, não conseguindo sucesso desta maneira, sente de forma mais aguda a ausência de Deus. Aqui, só cabe a difícil ação do nada fazer, do permanecer nas mãos de Deus como o barro mole nas mãos do oleiro.

"Muito farão em ter paciência e perseverar na oração, sem poder agir por si mesmos. A única coisa que a alma há de fazer aqui é permanecer livre e desembaraçada, despreocupada de todas as notícias e pensamentos, sem cuidado do que pensar ou meditar. Contente-se com uma amorosa e tranqüila advertência em Deus, sem outra solicitude e esforço, e até sem desejo de achar nele o gosto e consolação" (1 N 10,4). Esta é a única — e extremamente necessária — atitude que a alma pode ter. Agir de outra forma seria obstaculizar a ação de Deus, que quer "elevar todos os bens e forças do sentido ao espírito" (1 N 9,4).

Expliquemo-nos. Enquanto nossa vida interior permanecer ligada ao sensível, isto é, dependente das emoções sentidas, jamais se tornará verdadeiramente vida espiritual. Estará nutrindo-se do Deus que lhe vem através da mediação das criaturas; uma comunicação, portanto, imperfeita e parcial. Para que haja uma melhor e mais pura recepção da essência divina, faz-se necessário um remodelar dos sentidos em função do espírito e, porque isso ultrapassa as capacidades humanas, será Deus que intervirá com sua ação transformadora, que a alma deve sofrer em atitude passiva.

"Se a alma quiser fazer algo com as potências interiores, perturbará a ação divina, e perderá os bens que Deus está imprimindo e assentando em seu íntimo, por meio daquela paz e ócio da alma. É como se um pintor estivesse a pintar e a colorir um rosto, e este quisesse mover-se para ajudar em alguma coisa: com isto, não deixaria o pintor trabalhar, perturbando-lhe a obra" (1 N 10,5).

O grande efeito da noite passiva dos sentidos é que, colocando a alma nesta afetuosa e consciente presença de Deus, acaba por introduzi-la em um novo caminho, "diferentíssimo do primeiro, pois um é de meditação e discurso, e o outro não cai sob a imaginação ou raciocínio" (1 N 10,2). Trata-se da iniciação nas vias da contemplação.

Além disso, esta noite proporciona à alma um melhor conhecimento de si, de suas limitações e dependência do Ser divino. Isto, por sua vez, gera uma maior humildade, uma consciência mais aguçada do "santo" e das "coisas santas". Clarifica-se a distância que nos separa de Deus, fazendo nascer a necessidade de uma postura mais respeitosa e digna nas nossas relações com ele. A alma, então, exercita-se nas virtudes em conjunto e tem a lembrança mais freqüentemente voltada para Deus.

Como o fogo sobre o lenho

À noite passiva dos sentidos segue-se um período bastante longo de quietude e consolações, em que a alma exercita-se na via dos adiantados, gozando de maior liberdade com as potências espirituais, entretendo-se em amorosa contemplação, sem o trabalho discursivo.

Mas "a purificação do sentido é apenas a porta e o princípio de contemplação que conduz à purificação do espírito; serve mais para acomodar o sentido ao espírito do que propriamente para unir o espírito a Deus. As manchas do homem velho permanecem ainda no espírito, embora a alma não as perceba, nem as veja. Eis por que, se elas não desaparecerem com o sabão e a forte lixívia da purificação desta noite, não poderá o espírito chegar à pureza da união divina". "Por isto, a noite do sentido que descrevemos, mais propriamente se pode e deve chamar certa reforma e enfreamento do apetite do que purificação. A razão é que todas as imperfeições e desordens da parte sensitiva derivam sua força e raiz do espírito, em que se formam todos os hábitos, bons e maus: e, assim, enquanto ele não é purificado, as revoltas e desmandos do sentido não o podem ser suficientemente" (2 N 2,1 e 2 N 3,1).

A NOITE PASSIVA DO ESPÍRITO se processa mediante um influxo de profunda luz de Deus na alma, denominado por são João da Cruz "amorosa sabedoria divina" ou "contemplação infusa". Trata-se de um estar colocado frente a frente com Deus, de um compreender límpido e imediato de sua perfeição. A incidência desta luz, que clareia "sem que a alma nada faça, nem entenda como é", penetra o íntimo de nosso ser, tornando-nos capazes de enxergar todas as nossas imperfeições naturais e espirituais (cf. 2 N 5,1).

Embora esta luz seja inteligência mais pura e evidente da realidade divina, a alma a chama noite, devido às conseqüências que dela provêm. Com efeito, o confronto entre a pureza e harmonia de Deus e o pecado e movimentos imperfeitos enraizados em nós produz um sentimento desolador. A distância do abismo que nos separa da divindade passa a ser dimensionada em seus módulos reais, em medida de infinito. Acresce o fato de que, diante da força da contemplação infusa, a alma — natural, moral e espiritualmente fraca — não consegue receber o toque da mão divina como realmente o é em si mesmo: toque suave e brando, portador de graças. Pelo contrário, sente-o pesado, adverso, verdadeiro castigo. Tem a impressão de viver sob "as sombras e gemidos da morte, e tem as dores do inferno, de modo vivíssimo, pois se sente sem Deus, castigada e abandonada, e indigna dele, que dela está enfadado. Todo este sofrimento experimenta aqui a alma, e ainda mais, porque lhe parece que assim será para sempre" (2 N 6,2).

Agora, há verdadeira impossibilidade de rezar. Antes, apesar de a alma ressentir a aridez na parte sensível, gozava no espírito, devido à consciência de ser amada por Deus e de "re-amá-lo". Mas "esta obscura noite mantém as suas potências e afeições impedidas, a alma não pode levantar o afeto e a mente para Deus, nem consegue rezar; parece-lhe que o Senhor pôs uma nuvem diante dela, a fim de não chegar a ele sua oração" (2 N 8,1).

É incontestável o sofrimento causado pela noite passiva do espírito, no entanto, é justamente ela que nos leva à união com Deus. De uma maneira bastante simples, mas de extrema eficácia em sua expressão, são João da Cruz faz uma analogia entre o que está acontecendo com a alma e o processo de secagem da madeira.

"... é preciso observar aqui como esta purificadora e amorosa notícia ou luz divina, quando vai preparando e dispondo a alma para a união perfeita de amor, age à maneira do fogo material sobre a madeira para transformá-la em si mesmo. Vemos que este fogo material, ateando-se na madeira, começa por secá-la; tirar-lhe a umidade, e a faz expelir toda a seiva. Logo continua sua ação, enegrecendo a madeira, tornando-a escura e feia, e até com mau odor; assim a vai secando pouco a pouco, e pondo à vista, a fim de consumi-los, todos os elementos grosseiros e escondidos que a madeira encerra, contrários ao mesmo fogo. Finalmente, põe-se a inflamá-la e aquecê-la por fora, até penetrá-la toda e transformá-la em fogo, tão formosa como ele próprio. Em chegando a este fim, já não existe na madeira nenhuma propriedade, nem atividade própria, salvo o peso e a quantidade, maiores que os do fogo; pois adquiriu as propriedades e ações do próprio fogo. Assim, agora está seca, e seca; está quente, e aquece; está luminosa, e ilumina; está muito mais leve do que era antes; e tudo isto é obra do fogo na madeira, produzindo nela estas propriedades e efeitos.

Do mesmo modo, havemos de raciocinar acerca deste divino fogo de amor de contemplação: antes de unir e transformar a alma nele, primeiro a purifica de todas as propriedades contrárias. Faz expelir todas as suas deformidades e, por isto, a põe negra e obscura, dando-lhe aparência muito pior do que anteriormente, mais feia e abominável do que costumava ser. Esta divina purificação anda removendo todos os humores maus e viciosos; de tão profundamente arraigados e assentados, a alma não os podia ver, nem entendia que fossem tamanhos; mas agora, que é necessário expulsá-los e aniquilá-los, são postos bem à sua vista" (2 N 10,1-2)[7].

Desfazendo a metáfora, Deus tira os gostos da alma e, assim, recolhe todos os seus apetites nele. A falta do gozo é dolorosa, mas, por outro lado, produz uma conversão e fixação de todo o nosso ser no Ser divino. "A alma, então, há de amar a Deus com grande energia de todas as suas forças e apetites sensitivos e espirituais, o que não poderia fazer se eles se derramassem no gosto de outras coisas" (2 N 11,3). Trata-se do início de um processo de unificação com Deus, provocado pela "fome" que dele se sente e pela impossibilidade de saciá-la.

---

7. A comparação do fogo e do lenho também é desenvolvida em C 39,14.

Para a alma, nada mais importa; tudo é feito para Deus, como prova da dedicação que a ele devota. A única preocupação é o serviço divino e, assim, a vida teologal intensifica-se, adquirindo verdadeiramente o caráter de "*habitus*". O entendimento volta-se à compreensão daquilo que pode servir a Deus, a fim de o operar; a vontade busca o que agrada a Deus, e não quer outra coisa senão a conformidade com a vontade divina; a memória, solícita às coisas de Deus, ocupa-se só delas, sem se deixar levar por distrações, lembranças inúteis ou aspectos da passageira figura deste mundo.

Suscitando este comportamento na alma, Deus vai como que divinizando-a, tornando-a semelhante a ele, tirando-lhe tudo o que é alheio à sua divina essência e tornando-a pura e capaz da união com ele. Nunca como nestas noites passivas, tanto do sentido como do espírito, a alma caminha de modo tão seguro. Impedidas todas as operações e movimentos provenientes do gosto e raciocínio, a alma não mais se conduz, mas é dirigida por Deus e, "assim, logo que estas duas casas (a parte sensitiva e a parte espiritual) se pacificam de todo, e se fortalecem unidas, com todos os seus domésticos, isto é, as potências e apetites, sossegados no sono e no silêncio em relação às coisas do céu e da terra, imediatamente essa divina Sabedoria se une à alma com um novo laço de amorosa posse" (2 N 25,3).

"Entrou, enfim, a esposa no horto ameno por ela desejado" (P 1,22)

Este "novo laço de amorosa posse" nada mais é que o desenvolvimento da graça batismal. A união com Deus nos é concedida no batismo, como participação da vida trinitária de Deus, em Jesus Cristo. Mas esta participação nos é dada de forma germinal, trazendo em si a possibilidade de crescer e atingir a plenitude, mediante o exercício das virtudes teologais, que, como já o dissemos precedentemente, nos tornam semelhantes a Deus.

Para explicar esse processo de união entre a alma e Deus, são João da Cruz usa da alegoria matrimonial. Ao período em que a alma busca o seu Amado, negando o próprio amor a todo o criado, para amá-lo com coração indiviso, segue-se uma nova etapa, denominada DESPOSÓRIO ESPIRITUAL.

Deus, enamorado assim da alma, digna-se manifestar-se-lhe em "rápidas visitas" e "longínquos assomos" (C 13,10). Mais que uma realidade possuída, trata-se de um ligeiro vislumbre de Deus, de uma luz que esclarece um pouco sobre sua essência e que faz experimentar um pouco de seu amor. Não se trata ainda da união definitiva, mas da escolha definitiva que Deus faz da alma e a alma de Deus; sucede como à cera "que começou a receber a impressão do selo, e não se lhe acabou de gravar a figura dele" (C 12,1).

A alma anseia pela plena manifestação de Deus. Quer ser assimilada nele, ser uma só coisa com ele, viver a própria vida dele, pois percebe que sua felicidade só está em Deus. Seus clamores são, aqui, comparados por são João da Cruz a uma forte sede que seca sua substância corporal e espiritual, fazendo-a enfrentar qualquer espécie de dificuldade ou pena para saciar-se na fonte viva de Deus. Almeja que se consume aquilo que nela, benignamente, Deus iniciou; que seja levada a cabo a obra da manifestação divina, não de forma parcial, mas em sua totalidade. Agora, sente-se muito próxima ao Bem supremo que é Deus, mas, em se achegando a ele, não lhe é concedido gozá-lo como deseja. E, quanto mais de perto o sente, maior se lhe configura o tormento.

Chegará, porém, o momento em que "o Senhor comunica à alma grandes coisas de si, aformoseando-a com grandeza e majestade; orna-a de dons e virtudes; reveste-a do conhecimento e honra de Deus, bem como a uma noiva no dia de seu desposório. Neste ditoso dia, cessam de uma vez à alma as veementes ânsias e querelas de amor que tinha até aqui; doravante, adornada dos bens já mencionados, começa a viver num estado de paz, deleite e suavidade de amor (...). A alma vê e goza, nesta divina união, uma grande fartura de bens inestimáveis, achando aí todo o descanso e recreação que deseja. Entende estranhos segredos e peregrinas notícias de Deus — o que é outro manjar dos mais saborosos. Sente haver nele tão terrível poder e força, que vence toda outra força e poder. Goza também ali admirável suavidade e deleite de espírito, com verdadeira quietude e luz divina, e ao mesmo tempo lhe é dada a experiência sublime da sabedoria de Deus que brilha na harmonia das criaturas e das ações do Criador. Sente-se cheia de bens; vazia e alheia de males; sobretudo, entende e saboreia inestimável refeição de amor que a confirma no amor" (C 14,2.4).

Estes bens são concedidos à alma particularmente durante a oração contemplativa, na qual, de seu lado, ela ratifica sua entrega a Deus. Empenhando-se na fidelidade a esta doação, busca sempre e em todas as coisas a vontade de seu Amado, e, assim, a caridade, isto é, o amor que impregna o momento da oração propriamente dita, se estende a todas as outras ações. Adquire-se uma verdadeira vida de oração, cuja tendência, cada vez mais marcante, é a de simplificar-se no único exercício de amar a Deus.

São João da Cruz assim comenta seus versos relativos a este estado:

*"Nem mais tenho outro ofício
que só amar é já meu exercício.*

É como se a esposa dissesse: todos esses ofícios estão empregados no exercício do amor de Deus, isto é, toda a capacidade de alma e corpo, memória, entendimento e vontade, sentidos exteriores e interiores, inclinações da parte sensitiva e espiritual, tudo agora se move só por amor e no amor; tudo quanto faço é com amor, e tudo quanto padeço é com o gosto do amor (...).

Ditosa vida! Ditoso estado, e ditosa a alma que a ele chega! Tudo agora lhe é substância de amor, regalo e deleite de desposório, no qual verdadeiramente pode a esposa dizer ao Esposo aquelas palavras de puro amor, expressas nos Cantares: 'Guardei para ti, Amado meu, todos os frutos, novos e velhos'. Como se dissesse: 'Amado meu, tudo quanto é áspero e trabalhoso, quero por teu amor; e tudo quanto há de suave e saboroso, quero para ti'. A significação própria deste verso consiste, porém, em declarar que a alma, no estado de desposório espiritual, vive em contínua união no amor de Deus, isto é, tem a sua vontade sempre presente diante de Deus por amor" (C 28,8.10).

Também aquilo que até então se configurava como esforço purificativo perde seu aspecto de negação para desenvolver o aspecto positivo de adesão à vontade de Deus.

Desta forma, pode-se entender o Desposório Espiritual como "união de vontade", ou seja, livre de "quaisquer gostos ou apetites estranhos", a vontade da alma é a própria e mesma vontade de Deus (cf. Ch 3,25).

"Amado com amada; amada já no Amado transformada" (P 2,5)

O MATRIMÔNIO ESPIRITUAL é substancialmente a mesma realidade da união com Deus, porém elevada a um grau superior, a bem dizer, plenificada. "No noivado, há o sim de parte a parte, e os dois se unem na mesma vontade. (...) No matrimônio, porém, além disso, há comunicação das pessoas que se unem, e isto não existe ainda nos esponsais, embora haja por vezes visitas do noivo à noiva, com oferta de presentes; não se realiza, contudo, a união das pessoas, na qual está o fim dos esponsais" (Ch 3,24).

Aqui, não se trata mais apenas de uma união de vontade, mas de uma união total, que absorve e une em Deus toda a alma, com todas as suas potências e sentidos. São João da Cruz define o matrimônio espiritual como uma transformação total em Deus, em que "se entregam ambas as partes por inteira posse uma da outra, com certa consumação de união de amor, em que a alma é feita toda divina, e se torna Deus por participação, tanto quanto é possível nesta vida" (C 22,3). Não hesita em falar de uma "junção da natureza divina e da humana", operada pela comunicação daquela a esta, de modo que, sem mudar nenhuma delas em seu próprio ser, cada uma parece Deus (cf. C 22,5). A fim de melhor esclarecer esta realidade, o santo recorre ao texto paulino de Gálatas 2,20. A explicação é simples e teologicamente tão rica que nos obrigamos a transcrevê-la em sua integralidade:

"Isto quis dar a entender são Paulo quando disse: 'Vivo eu, já não eu, mas Cristo é que vive em mim'. Em dizer: vivo eu, já não eu, mostrou que, embora ele vivesse, não era sua aquela vida, pois estava transformado em Cristo, e sua vida era mais divina que humana: donde acrescenta que não vivia mais ele, senão Cristo nele. Segundo esta semelhança de transformação, podemos afirmar que a vida do Apóstolo e a vida de Cristo eram uma só e mesma vida, por união de amor. Esta realidade será perfeita no céu, em vida divina, naqueles que houveram merecido ver-se em Deus. Transformados em Deus, viverão vida de Deus, e não vida sua, embora seja sua própria vida porque a vida de Deus será vida sua. Verdadeiramente poderão dizer: vivemos nós, mas não vivemos nós, pois vive Deus em nós. Este estado é possível aqui na terra, como vemos que o foi em são Paulo; não, porém, de modo total e perfeito, mesmo na alma elevada a tão profunda transformação de amor como o matrimônio espiritual, que é o mais alto estado a que se pode chegar nesta vida" (C 12,7-8).

Para explicar os efeitos do matrimônio espiritual na alma, são João da Cruz desenvolve a comparação da absorção da bebida pelo organismo: "Espalha-se e derrama-se por todos os membros e veias do corpo" (C 26,5). Na verdade, ao fruir a vida de Deus, a alma como que se encharca da própria substância divina. Ela bebe de seu Amado; bebe "sabedoria e ciência" quanto ao entendimento; bebe "amor suavíssimo" quanto à vontade; bebe "alegria e deleite, com lembrança e sentimento de glória" quanto à memória (cf. C 26,5).

Já não há segredos entre Deus e a alma — "o verdadeiro e completo amor não pode esconder coisa alguma a quem ama" (C 23,1). Os mistérios divinos lhe são revelados; particularmente, aqueles que se referem a Jesus Cristo, como: "a união hipostática da natureza humana com o Verbo Divino; a correspondência que há entre esta união e a dos homens com Deus; as disposições de justiça e misericórdia de Deus a respeito da salvação do gênero humano, que manifestam os seus insondáveis juízos" (C 37,3). A alma sente-se, aqui, habilitada a amar a Deus com igualdade de amor. De fato, inserida na Trindade, a mesma aspiração de Deus à alma se dá da alma a Deus; ela já pode "aspirar, em Deus, aquela mesma aspiração de amor a que o Pai aspira no Filho e o Filho no Pai, e que não é outra coisa senão o Espírito Santo" (C 39,3). Trata-se de uma antecipação da glória, pois, tendo a alma todo o seu agir em Deus, todas as suas operações são feitas na Santíssima Trindade, juntamente com ela e como ela o faz (cf. C 39,4). Assim, ama a Deus com o mesmo amor com que Deus ama. Além disso, é atingido um perfeito domínio sobre os sentidos. Eles se acham de tal maneira purificados que podemos dizer que estão espiritualizados e podem gozar, a seu modo, isto é, cessando suas operações naturais e passando ao recolhimento espiritual, das comunicações que Deus faz à alma.

Resta-nos ainda dizer que o amor admite graus e que, portanto, é sempre possível crescer nele, aprimorar seu exercício. Usando da mesma analogia do fogo sobre o lenho que, em meio às noites escuras, abriu à alma a porta para a união, são João da Cruz nos explica como isto se realiza.

"Acontece-lhe como à lenha quando dela se apodera o fogo, transformando-a em si pela penetração de suas chamas: embora esteja feita uma só coisa com o fogo, em se tornando este mais vivo, fica a lenha muito mais incandescente e inflamada, a ponto de lançar de si centelhas e chamas" (Ch Prólogo, 3).

Esta chama é o Espírito Santo, que, investindo na alma, consubstancia mais fortemente o amor. Ela intensifica a união da alma com a Trindade, esclarece a relação com cada Pessoa Divina, manifesta os atributos divinos, demonstra os benefícios operados por Deus e lhe faz, desde já, pregustar a consumação de sua vocação na eternidade.

É esta a história da alma que, sentindo-se amada por Deus, sai com forte decisão à sua busca. Não poupa sacrifícios. Morre a si mesma, vive os NADA... NADA... NADA... para possuir o TUDO. E Deus a ela não se nega. Dá-se a si mesmo, porque arde no desejo desta doação. Olha para a alma com amor, infunde-lhe sua graça, transforma-a de graça em graça e a torna digna da união com ele. Porque se abriu à ação redentora, foi feita por ele nova criatura e, agora, pode dizer:

"... andando enamorada,
perdidiça me fiz e fui ganhada" (P 1,29).

III.
UM SANTO

ATUALIDADE
DE SÃO JOÃO DA CRUZ

Quando a Igreja canoniza alguém, ela tem em vista nos apresentar como exemplo uma pessoa que viveu o Evangelho com tal radicalidade, a ponto de superar as barreiras do tempo e do espaço em que se circunscreveu sua vida. Santo é aquele que está sempre aberto ao diálogo com o mundo, que possui sempre uma palavra a nos transmitir, um gesto a nos ensinar, uma atitude a ser imitada. Mas, concretamente, o que tem a nos dizer, homens do final do século XX, um místico, uma alma interior, que viveu quatrocentos anos atrás, numa restrita região da Espanha?

Bem, em 1970, finda a cerimônia do doutorado de santa Teresa, o papa Paulo VI dirigia-se ao Prepósito Geral da Ordem carmelitana nos seguintes termos:

> "São tão oportunos hoje os ensinamentos
> de santa Teresa, que, na verdade,
> o relógio da Providência marcou
> hoje a HORA de santa Teresa.
> Ela nos ensina o caminho verdadeiro,
> o 'caminho' da oração, da comunhão
> com Deus. Os demais são veredas, nem
> sempre chegam ao destino. O Espírito

Santo deseja que voltemos ao caminho autêntico: à oração, à vida íntima com Deus. Eis a lição que nos dá santa Teresa, Doutora da Igreja".

São palavras dirigidas especificamente à Reformadora do Carmelo, mas que podem — se é que não devem — ser aplicadas ao seu companheiro de jornada, são João da Cruz. Sim, é esta também a hora do Doutor Místico, do Mestre da oração que nos leva à união com Deus. Talvez, muito mais que em épocas passadas, a mensagem de nosso santo se faça atual.

Hoje, o homem já parece farto do utilitarismo autodefensivo, da escravidão psicológica, do culto da pessoa. Tenham-se em vista os movimentos pacifistas e ecológicos das últimas décadas, a retomada de valores como a dignidade humana, a liberdade de consciência, os direitos do homem, a fraternidade entre os povos e, ainda, a sintomática busca — embora nem sempre bem-norteada — das realidades transcendentes e do Absoluto. Pinta-se, à nossa frente, o retrato do homem em busca de sua própria identidade. É verdade, chegamos ao cúmulo de não saber mais o que somos! E isso porque tiramos Deus do lugar que ocupava em nossas vidas, perdendo a consciência de sermos imagem e semelhança dele; isso porque pusemos nossa confiança nos falsos ídolos do progresso que tudo soluciona, da tecnologia que supre as deficiências humanas e do consumismo que preenche as necessidades.

A figura de são João da Cruz vai em oposição a tudo isso. Sua vida e seus escritos manifestam um "homem de Deus", um homem que pauta sua existência nas vias do Evangelho, porque o único valor que o norteia é o próprio Deus. É ele que, tendo experimentado, pode dizer em seu *Cântico espiritual*: "Esta alma está agora revestida de Deus, e banhada na divindade; não só exteriormente e na superfície, mas no íntimo de seu espírito, onde tudo se transforma em deleites divinos" (C 26,1); ou ainda: "Para a alma, todas as coisas são nada, e ela própria é nada a seus olhos. Só o seu Deus, para ela, é tudo" (Ch 1,32).

Propondo-nos andar "sem arrimo e com Arrimo", prega a necessidade de aceitarmos a nossa própria condição de homens, nossas limitações, nossa dependência do Ser Divino; e não num aspecto pessimista e masoquista, mas para que, estando adequados e ajustados em nosso lugar, possamos desempenhar o papel que nos cabe, e ser realmente o que somos por essência. Procurar um caminho diverso é ilusão, é disfarçar nosso ser. A felicidade do homem depende do relacionamento que ele estabelece com Deus. Este deve ser fundamentado na nossa realidade de criaturas diante de seu Criador. Porém não diante de um Criador qualquer, mas diante daquele a cujos olhos somos preciosos, que nos ama tanto a ponto de dar-nos seu único Filho como Salvador. É necessário, portanto, colocar-nos à sua frente de modo a descobrirmos nosso valor, nossa dignidade perante Deus. E são João da Cruz não hesita em afirmar que, "se a alma busca a Deus, muito mais a procura seu Amado" (Ch 3,28). Quem não buscaria esse Deus que nos amou primeiro? Quem duvidaria da autenticidade desse amor vendo que o próprio Deus não se poupou em nosso favor? O desfecho de tudo é a consumação de nossa vocação, de modo perfeito e acabado: viver em Deus a própria vida divina.

Talvez a sensação de desespero e angústia que hoje tantas vezes invade as pessoas seja o fruto do desconhecer a quê e para quem tendemos. Faltando um fim absoluto e um destino que supra todas as ansiedades da existência humana, ela se torna vazia, sem sentido, e o homem se desumaniza, perde a conduta ética, torna desgraçada a própria felicidade, não tem mais razão para viver. Um ponto determinante para marcar o rumo futuro de nossa sociedade é averiguar se o homem, afastado de Deus, vivendo à margem do cristianismo e dos chamados e promessas do Evangelho, torna-se efetivamente, mais feliz, mais livre, mais humano.

Os escritos de são João da Cruz traçam-nos as diretrizes para uma maior proximidade de Deus, fundada na oração, veículo que nos abre a porta para o contato com as realidades divinas. Não se trata, aqui, do conceito vulgar de oração, de alguns atos de piedade ou mesmo de algumas horas diárias de meditação. Tudo isso é necessário e exigido por nosso santo, mas como parte integrante de um percurso que conduz à oração tal qual é entendida no Carmelo: atitude orante, que perpassa todo momento, que impregna todas as ações, que marca todas as etapas. Lidando com tudo aquilo que faz parte da ontologia do homem, com a afetividade, o psiquismo, a alma, e levando em consideração as grandes interrogações a respeito do sofrimento, da morte, da glória, de Deus, as obras de são João da Cruz também nos mostram nosso estado atual e quanto devemos mudar até a união com Deus, pois é necessário morrer ao homem velho para formar-se nova criatura.

Entre o conhecer o amor de Deus e sair em seu encontro até a união com Ele há todo um processo a ser desenvolvido. Santa Teresa fala-nos de um "Caminho de Perfeição"; são João da Cruz nos apresenta uma "Subida do Monte Carmelo". Pouco importa o nome. O fato é que se trata de um contínuo movimento crescente, de um desenvolvimento em direção ao Ser Supremo, pois, para preencher o homem, "é preciso nada menos do que o infinito" (Ch 3,18). É meta para todos, consagrados ou leigos. A esses últimos teríamos uma palavra a dizer. A doutrina de são João da Cruz pode lhes parecer um tanto árdua e pouco condizente com o estado de vida que escolheram. A realidade, no entanto, não é esta. Ninguém precisa mudar nada daquilo que até agora tem se manifestado como vontade divina em relação à própria pessoa. Afetos, cuidados familiares, trabalho, tudo é lícito quando orientado para Deus, desde o íntimo da alma. O primeiro mandamento é proposto a todos os cristãos: amar a Deus sobre todas as coisas.

Que através da palavra que nos deixou escrita, nosso santo, "alma enamorada de Deus", venha até nós, seres da tecnologia e do conforto, e nos ensine a ser *verdadeiros* homens, amando a Deus com todo o coração, com toda a alma, com todas as nossas forças.

IV.

PEQUENA ANTOLOGIA
SANJUANISTA

Os textos que aqui apresentamos estão divididos em quatro categorias: composições poéticas, textos ascéticos, textos de direção espiritual e textos espirituais. Se vez ou outra, na introdução que precede cada uma das partes, recorremos aos termos da análise literária, é tão-somente para indicar, com maior clareza e exatidão, o aspecto a que nos referimos. Ao compilar estes extratos, nosso único objetivo foi dar a conhecer os conteúdos espirituais do santo carmelita.

1. COMPOSIÇÕES POÉTICAS

Dentre as composições poéticas de são João da Cruz, apresentamos aqui os três poemas que lhe serviram de base para a redação dos seus Tratados Espirituais Maiores.

O *Cântico espiritual*, composto em sua maior parte no cárcere de Toledo, teve suas últimas estrofes escritas por volta de 1582-1584. Sentindo, no entanto, o poema muito aquém da experiência divina que desejava exprimir, o próprio santo, entre 1584-1586, retocou seus versos, acrescentou uma nova estância (a 11ª estrofe) e reestruturou a distribuição das quintilhas.

Os versos do *Cântico espiritual*, que tanto bem faziam à vida das monjas da Reforma, foram comentados a pedido de madre Ana de Jesus, então priora do Carmelo de Granada. Deram, assim, origem ao tratado de mesmo nome — *Cântico espiritual* — que, segundo as palavras de nosso santo, explica "as canções que tratam do exercício de amor entre a alma e Cristo, seu Esposo, em que se tocam e declaram alguns pontos e efeitos da oração" (C, antes do Prólogo). É frei João ainda quem nos indica a estrutura de sua obra:

"A ordem seguida nestas canções vai desde que uma alma começa a servir a Deus até chegar ao último estado de perfeição, que é o matrimônio espiritual; por isso, nas mesmas canções, tocam-se os três estados ou vias de exercício espiritual, pelas quais passa a alma até atingir o dito estado. Estas vias são: purgativa, iluminativa e unitiva. E são explicadas algumas propriedades e efeitos em relação a cada uma delas.

As primeiras canções tratam dos principiantes, isto é, da via purgativa. As seguintes tratam dos adiantados, quando se faz o desposório espiritual, e esta é a via iluminativa. Depois, seguem-se as outras canções, referentes à via unitiva, que é a dos perfeitos, onde se realiza o matrimônio espiritual. Esta via unitiva, já dos perfeitos, vem depois da iluminativa, que é própria dos adiantados. As últimas canções, enfim, tratam do estado beatífico, único intento da alma chegada ao estado de perfeição" (C, Argumento, 1 e 2).

O alto teor poético desses versos do Doutor Místico, invadindo a quem toma contato com eles, provoca o sentimento do Amor de Deus, imaculado e gratuito; impele à apreciação da inigualável obra brotada das mãos do Criador; gera os desejos das realidades que não passam; aviva saudades do Bem sumamente amado, Cristo. Mais ainda: evocando a presença divina na história de nossa almas, faz-nos crescer no amor daquele que nos amou primeiro. As figuras, comparações e linguagem metafórica fortemente sugestiva nos dão, de maneira velada mas real — para não usarmos a expressão "de maneira mística" —, a compreensão do Mistério Divino. Justamente por isso, o santo nos aconselha a ler suas canções "com a simplicidade do espírito de amor e inteligência nelas encerrados" (C, Prólogo 1).

As estrofes que constituem a *Noite Escura* foram escritas na segunda metade de 1578, pouco tempo após a fuga do cárcere. Nasceram, sem dúvida, da lembrança daquela experiência pascal que foi o período toledano. Àquele tempo de máxima privação, de aniquilamento mortal, de "noite escura", o santo refere-se como "noite ditosa", "noite mais amável que a alvorada", pois "noite que juntaste Amado com amada, amada já no Amado transformada" (P 2,1.3.5). De fato, o subtítulo que aparece nas primeiras edições das *Obras* de são João da Cruz revela, em frase compacta, a temática do poema: "Canções em que canta a alma a ditosa ventura que teve em passar, pela noite escura da fé, na desnudez e purificação de si mesma, à união com o Amado".

Então nos perguntamos: Quem, lendo as canções líricas da *Noite escura*, poderia, em toda a sua profundidade, depreender aquele exigente despojamento que conduz à união? Quem, por entre aqueles versos incendidos de casto amor a Deus, conseguiria, com precisão, delinear o caminho de pura fé, inabalável esperança e generosa caridade pelo qual é purificado o mais íntimo da alma? Ninguém, senão somente quem por esta "Noite" já passou.

Deste modo, a pedido dos frades carmelitas, frei João da Cruz começou a comentar a *Noite escura*. Fundamentados nesse poema, surgiram o tratado da "*Subida do Monte Carmelo*", que tem por argumento as noites ativa e passiva dos sentidos, e o tratado da "*Noite escura*", que explana as noites ativa e passiva do espírito. Ambas as obras, embora inacabadas, expõem de modo sistemático a radical ascese e densa mística que subjazem às delicadas e ternas estrofes da *Noite escura*.

A *Chama viva de amor*, composta em 1582 ou em 1584, é a poesia do Inefável, dos atributos divinos, do próprio Mistério de Deus. É a tentativa do santo de transpor para o papel aquele despertar de Deus na alma (cf. P 3,4), aquela posse consciente e experimentada da Trindade, aquela — por que não o dizer? — *inchoatio vitae eternae* (início de vida eterna).

No torturante e aflitivo drama de exprimir aquilo que a linguagem humana não pode alcançar, o santo recorre ao artifício da sugestão. Lança imagens; todas elas, a seu ver, imperfeitas e inadequadas em si mesmas; todas elas, porém, buscando a mútua complementação. O conjunto final, no entanto, não satisfaz, não expressa absolutamente o Mistério. E o carmelita, então, passa a descrever, mediante comparações, a ação de Deus neste estado da mais íntima união: luz que aquece e ilumina (cf. Ch 3,77); Ser manso e amoroso que enamora (cf. Ch 4,2-3); Ser que se entrega à alma e a absorve em si naquele "aspirar" que é a própria vida que circula na Trindade (cf. Ch 4,17).

Por insistência de dona Ana de Peñalosa, "mui nobre e devota senhora" (Ch, Prólogo 1), dirigida de são João da Cruz, veio à luz o comentário desses versos. É o tratado intitulado *Chama viva de amor*. Logo no início dessa sua obra, apontando para a diferença que existe entre as canções do *Cântico espiritual* e as da *Chama viva de amor*, o santo nos revela em linguagem mais objetiva, ainda que não desprovida do simbolismo da "chama", o conteúdo desses versos mais divinos que humanos.

"Naquelas canções (*Cântico espiritual*) explicadas anteriormente, tratamos, em verdade, do mais alto grau de perfeição a que a alma pode chegar nesta vida, ou seja, a transformação em Deus; mas nestas de agora falamos do amor mais qualificado e perfeito nesse mesmo estado de transformação. Sem dúvida, tudo quanto se diz numas e noutras é próprio de um só estado de união transformante, o qual, em si, não pode ser ultrapassado aqui na terra; todavia pode, com o tempo e o exercício, aprimorar-se, como digo, e consubstanciar-se muito mais no amor. Acontece-lhe como à lenha quando dela se apodera o fogo, transformando-a em si pela penetração de suas chamas: embora já esteja feita uma só coisa com o fogo, em se tornando este mais vivo, fica a lenha muito mais incandescente e inflamada, a ponto de lançar de si centelhas e chamas.

Deste abrasado grau se há de entender que fala aqui a alma, estando já de tal modo transformada e aprimorada interiormente no fogo do amor, que não apenas está unida a ele, mas ele lança dentro dela uma viva chama. Assim o sente e assim o exprime nestas canções, com delicada e íntima doçura de amor, ardendo nesta chama. Vai, ao mesmo tempo, exaltando nestes versos alguns efeitos que essa chama de amor produz em seu íntimo" (Ch, Prólogo 3-4).

1.1. Cântico espiritual

Esposa

1. Onde é que te escondeste,
   Amado, e me deixaste com gemido?
   Como o cervo fugiste,
   Havendo-me ferido;
   Saí, por ti clamando, e eras já ido.

2. Pastores que subirdes
   Além, pelas malhadas, ao Outeiro,
   Se, porventura, virdes
   Aquele a quem mais quero,
   Dizei-lhe que adoeço, peno e morro.

3. Buscando meus amores,
   Irei por estes montes e ribeiras;
   Não colherei as flores,
   Nem temerei as feras,
   E passarei os fortes e fronteiras.

Pergunta às criaturas

4. Ó bosques e espessuras,
   Plantados pela mão de meu Amado!
   Ó prado de verduras,
   De flores esmaltado,
   Dizei-me se por vós ele há passado!

Resposta das criaturas

5. Mil graças derramando,
   Passou por estes soutos com presteza,
   E, enquanto os ia olhando,
   Só com sua figura
   A todos revestiu de formosura.

Esposa

6. Quem poderá curar-me?!
   Acaba de entregar-te já deveras;
   Não queiras enviar-me
   Mais mensageiro algum,
   Pois não sabem dizer-me o que desejo.

7. E todos quanto vagam,
   De ti me vão mil graças relatando,
   E todos mais me chagam;
   E deixa-me morrendo
   Um "não-sei-quê", que ficam balbuciando.

8. Mas como perseveras,
   Ó vida, não vivendo onde já vives?
   Se fazem com que morras
   As flechas que recebes
   Daquilo que do Amado em ti concebes?

9. Por que, pois, hás chagado
   Este meu coração, o não saraste?
   E, já que mo hás roubado,
   Por que assim o deixaste
   E não tomas o roubo que roubaste?

10. Extingue os meus anseios,
    Porque ninguém os pode desfazer;
    E vejam-te meus olhos,
    Pois deles és a luz,
    E para ti somente os quero ter.

11. Mostra tua presença!
    Mate-me a tua vista e formosura;
    Olha que esta doença
    De amor jamais se cura,
    A não ser com a presença e com a figura.

12. Ó cristalina fonte,
    Se nesses teus semblantes prateados
    Formasses de repente
    Os olhos desejados
    Que tenho nas entranhas debuxados!

13. Aparta-os, meu Amado,
    Que eu alço o vôo.

Esposo

Oh! volve-te, columba,
Que o cervo vulnerado
No alto do outeiro assoma,
Ao sopro de teu vôo, e fresco toma.

Esposa

14. No Amado acho as montanhas,
    Os vales solitários, nemorosos,

As ilhas mais estranhas,
Os rios rumorosos,
E o sussurro dos ares amorosos.

15. A noite sossegada,
Quase aos levantes do raiar da aurora;
A música calada,
A solidão sonora,
A ceia que recreia e que enamora.

16. Caçai-nos as raposas,
Que está já toda em flor a nossa vinha;
Enquanto destas rosas
Faremos uma pinha;
E ninguém apareça na colina!

17. Detém-te, Aquilão morto!
Vem, Austro, que despertas os amores:
Aspira por meu horto,
E corram seus olores,
E o Amado pascerá por entre as flores.

18. Ó ninfas da Judéia,
Enquanto pelas flores e rosais
Vai recendendo o âmbar,
Ficai nos arrabaldes
E não ouseis tocar nossos umbrais.

19. Esconde-te, Querido!
Voltando tua face, olha as montanhas;
E não queiras dizê-lo,
Mas olha as companheiras
Da que vai pelas ilhas mais estranhas.

Esposo

20. A vós, aves ligeiras,
    Leões, cervos e gamos saltadores
    Montes, vales, ribeiras,
    Águas, ventos, ardores,
    E, das noites, os medos veladores.

21. Pelas amenas liras
    E cantos de sereias, vos conjuro
    Que cessem vossas iras,
    E não toqueis no muro,
    Para a Esposa dormir sono seguro.

22. Entrou, enfim, a Esposa
    No horto ameno por ela desejado;
    E a seu sabor repousa,
    O colo reclinado
    Sobre os braços dulcíssimos do Amado.

23. Sob o pé da macieira,
    Ali, comigo foste desposada;
    Ali te dei a mão,
    E foste renovada
    Onde a primeira mãe foi violada.

Esposa

24. Nosso leito é florido,
    De covas de leões entrelaçado,
    Em púrpura estendido,
    De paz edificado,
    De mil escudos de ouro coroado.

25. Após tuas pisadas
    Vão discorrendo as jovens no caminho,
    Ao toque de centelha,
    Ao temperado vinho,
    Dando emissões de bálsamo divino.

26. Na interior adega
    Do Amado meu, bebi; quando saía,
    Por toda aquela várzea
    Já nada mais sabia,
    E o rebanho perdi que antes seguia.

27. Ali me abriu seu peito
    E ciência me ensinou mui deleitosa;
    E a ele, em dom perfeito,
    Me dei, sem deixar coisa,
    E então lhe prometi ser sua esposa.

28. Minha alma se há votado,
    Com meu cabedal todo, a seu serviço;
    Já não guardo mais gado,
    Nem mais tenho outro ofício,
    Que só amar é já meu exercício.

29. Se agora, em meio à praça,
    Já não for mais eu vista, nem achada,
    Direis que me hei perdido,
    E, andando enamorada,
    Perdidiça me fiz e fui ganhada.

30. De flores e esmeraldas,
    Pelas frescas manhãs bem escolhidas,
    Faremos as grinaldas
    Em teu amor floridas,
    E num cabelo meu entretecidas.

31. Só naquele cabelo
    Que em meu colo a voar consideraste,
    — Ao vê-lo no meu colo —,
    Nele preso ficaste,
    E num só de meus olhos te chagaste.

32. Quando tu me fitavas,
    Teus olhos sua graça me infundiam;
    E assim me sobreamavas,
    E nisso mereciam
    Meus olhos adorar o que em ti viam.

33. Não queiras desprezar-me,
    Porque, se cor trigueira em mim achaste,
    Já podes ver-me agora,
    Pois, desde que me olhaste,
    A graça e a formosura em mim deixaste.

34. Eis que a branca pombinha
    Para a arca, com seu ramo, regressou;
    E, feliz, a rolinha
    O par tão desejado
    Já nas ribeiras verdes encontrou.

35. Em solidão vivia,
    Em solidão seu ninho há já construído;
    E em solidão a guia,
    A sós, o seu Querido,
    Também na solidão, de amor ferido.

36. Gozemo-nos, Amado!
    Vamo-nos ver em tua formosura,
    No monte e na colina,
    Onde brota a água pura;
    Entremos mais adentro na espessura.

37. E, logo, as mais subidas
    Cavernas que há na pedra, buscaremos;
    Estão bem escondidas;
    E juntos entraremos,
    E das romãs o mosto sorveremos.

38. Ali me mostrarias
    Aquilo que minha alma pretendia,
    E logo me darias,
    Ali, tu, vida minha,
    Aquilo que me deste no outro dia.

39. E o aspirar da brisa,
    Do doce rouxinol a voz amena,
    O souto e seu encanto,
    Pela noite serena,
    Com chama que consuma sem dar pena.

40. Ali ninguém olhava;
    Aminadab tampouco aparecia;
    O cerco sossegava;
    Mesmo a cavalaria,
    Só à vista das águas, já descia.

    (P 1).

1.2. Noite escura

1. Em uma noite escura,
   De amor em vivas ânsias inflamada,
   Oh, ditosa ventura!
   Saí sem ser notada,
   Já minha casa estando sossegada.

2. Na escuridão, segura,
   Pela secreta escada, disfarçada,
   Oh! ditosa ventura!
   Na escuridão, velada,
   Já minha casa estando sossegada.

3. Em noite tão ditosa,
   E num segredo em que ninguém me via,
   Nem eu olhava coisa,
   Sem outra luz nem guia
   Além da que no coração me ardia.

4. Essa luz me guiava,
   Com mais clareza que a do meio-dia
   Aonde me esperava
   Quem eu bem conhecia,
   Em sítio onde ninguém aparecia.

5. Oh! noite que me guiaste,
   Oh! noite mais amável que a alvorada;
   Oh! noite que juntaste
   Amado com amada,
   Amada já no Amado transformada!

6. Em meu peito florido
   Que, inteiro, para ele só guardava,

Quedou-se adormecido,
E eu, terna, o regalava,
E dos cedros o leque o refrescava.

7. Da ameia a brisa amena,
Quando eu os seus cabelos afagava,
Com sua mão serena
Em meu colo soprava,
E meus sentidos todos transportava.

8. Esquecida, quedei-me,
O rosto reclinado sobre o Amado;
Tudo cessou. Deixei-me,
Largando meu cuidado
Por entre as açucenas olvidado.

(P 2).

1.3. Chama viva de amor

1. Oh! chama de amor viva
   Que ternamente feres
   De minha alma no mais profundo centro!
   Pois não és mais esquiva,
   Acaba já, se queres,
   Ah! rompe a tela deste doce encontro.

2. Oh! cautério suave!
   Oh! regalada chaga!
   Oh! branda mão! Oh! toque delicado
   Que a vida eterna sabe,
   E paga toda dívida!
   Matando, a morte em vida me hás trocado.

3. Oh! lâmpadas de fogo
   Em cujos resplendores
   As profundas cavernas do sentido,
   — Que estava escuro e cego —
   Com estranhos primores
   Calor e luz dão junto a seu Querido!

4. Oh! quão manso e amoroso
   Despertas em meu seio
   Onde tu só secretamente moras;
   Nesse aspirar gostoso,
   De bens e glória cheio,
   Quão delicadamente me enamoras!

   (P 3).

2. TEXTOS ASCÉTICOS

Impossível não começar esta série de textos senão com o famoso esboço do *Monte da perfeição*. Síntese original da doutrina sanjuanista, o primeiro esquema do *Monte* foi traçado entre o fim de 1578 e o início de 1579 para as carmelitas de Béas, das quais o santo era confessor. Ouçamos o testemunho de irmã Madalena do Espírito Santo:

"... tirava alguns momentos para escrever coisas espirituais e de proveito. Foi ali que compôs o *Monte* e fez para cada uma de nós uma cópia de próprio punho, a fim de que a tivéssemos no breviário" (Testemunhos para os Processos).

Unindo elementos gráficos a máximas espirituais, frei João da Cruz visava traçar plasticamente o itinerário da perfeição e, assim, conduzir as monjas *Monte* acima. Três caminhos se abrem ao sopé da santa montanha carmelitana. A senda que chega ao cume foi desenhada estreita e está marcada por uma sucessão de "nada... nada... nada..." As outras duas trilhas indicam o caminho do espírito imperfeito, apegado ou aos bens da terra ou aos bens do céu. Ambas espaçosas em seu início, vão afunilando-se até se fechar sem saída, impedindo o acesso ao alto.

Aqui reproduzimos o *Monte* da edição príncipe das *Obras* de são João da Cruz (Alcalá, 1618) e, em seguida, transcrevemos seu texto.

Continuando a seleção dos textos ascéticos, apresentamos o *Ditame* sobre os "*Atos anagógicos*". Denominação proveniente da forma verbal grega ἀνάγω — anágo, "eu conduzo para cima, eu dirijo para o alto, eu faço subir" —, estes "*Atos anagógicos*" nada mais são que o procedimento que o homem espiritual deve ter para não ceder à tentação. De fato, porque provoca a elevação de nosso pensamento para as realidades sobrenaturais, tal prática como que arranca nossa mente dos apelos da natureza do homem velho.

Com clareza, simplicidade e perícia, o santo explica meticulosamente, passo a passo, cada etapa a ser desenvolvida no exercício dos "*Atos anagógicos*".

Um pequeno tratado espiritual intitulado *Pássaro solitário* foi escrito por são João da Cruz, segundo afirmam vários testemunhos. Infelizmente, tal texto perdeu-se na história e não chegou até nós. Algum vestígio, porém, do que teria sido esse tratado ficou-nos no comentário da 15ª estrofe do *Cântico espiritual*. O santo fala aí da alma que se inicia nas vias da contemplação, e compara as posturas do pássaro solitário às que o espiritual deve cultivar.

Apresentamos, finalmente, a *Suma da perfeição*. Pequena trova exortativa ao exercício da presença de Deus, ela nos revela não só o grande valor atribuído a esta prática fundamental à vida de oração, mas também a conduta formadora do Pai da Reforma carmelitana.

2.1. Monte da perfeição

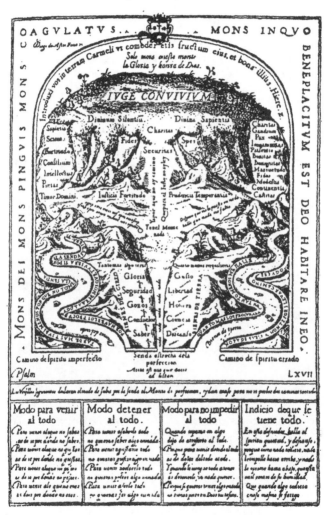

[Sopé do Monte]

Os versículos seguintes explicam o modo de subir pela senda do Monte de Perfeição e alertam para não ir pelos dois caminhos sinuosos.

MODO DE VIR AO TUDO

Para vir ao que não SABES — hás de ir por onde não SABES

Para vir ao que não GOSTAS — hás de ir por onde não GOSTAS

Para vir ao que não POSSUIS — hás de ir por onde não POSSUIS

Para vir ao que não ÉS — hás de ir por onde não ÉS.

MODO DE OBTER O TUDO

Para vir a saber TUDO — não queiras saber algo em NADA

Para vir a saborear TUDO — não queiras saborear algo em NADA

Para vir a possuir TUDO — não queiras possuir algo em NADA

Para vir a ser TUDO — não queiras ser algo em NADA.

MODO PARA NÃO IMPEDIR O TUDO

Quando reparas em ALGO — deixas de lançar-te ao TUDO

Porque para vir de TODO ao TUDO — hás de deixar de TODO a TUDO

E quando o venhas de TODO a ter — hás de tê-lo sem nada QUERER

Porque se queres ter algo em TUDO — não tens puro em Deus o teu tesouro.

INDÍCIO DE QUE SE TEM TUDO

Nesta desnudez encontra o espírito sossego e descanso, porque, como nada cobiça, nada o impele para cima e nada o comprime para baixo, pois se acha no centro da sua humildade; em cobiçando algo, nisso mesmo vem a causar-se o espírito.

[Em torno do Monte]

Monte de Deus, monte elevado, monte alcantilado, monte em que Deus se compraz em habitar (Sl 67,16-17).

[As três sendas do Monte,
da esquerda para a direita]

Caminho de Espírito Imperfeito: Demorei mais e subi menos, porque não tomei a senda.

Bens do céu — Por havê-los procurado, tive menos do que teria se houvesse subido pela senda.

Senda Estreita da Perfeição: "Estreito é o caminho que conduz à vida" (Mt 7,14).

Bens do céu: Glória — nem isso; segurança — nem isso; gozo — nem isso; consolos — nem isso; saber — nem isso.

Nada, nada, nada, nada, nada. *Bens da terra:* Gosto — também não; liberdade — também não; honra — também não; ciência — também não; descanso — também não. Tanto mais algo serás, quanto menos o quiseres ser.

Caminho do Espírito Errado: Quanto mais os procurava, com tanto menos me achei. — *Bens da terra* — Não pude subir ao Monte por enveredar por caminho errado.

[Cimo do Monte, da esquerda para a direita, segundo os diversos planos]

Quando não o quis, com amor de propriedade, foi-me dado tudo sem que o buscasse — E, no Monte, nada — Por aqui já não há caminho, pois para o justo não há lei (cf. 1Tm 1,9; Rm 2,14). — Depois que me pus em nada, acho que nada me falta. — Sabedoria, Ciência, Fortaleza, Conselho, Inteligência, Piedade, Temor de Deus — Justiça, Força, Prudência, Temperança — Caridade, Alegria, Paz, Longanimidade, Paciência, Bondade, Benignidade, Mansidão, Fé, Modéstia, Continência, Castidade — Segurança — Fé, Amor, Esperança — Divino Silêncio — Divina Sabedoria — Perene Convívio — *Só mora neste Monte — a honra e glória de Deus.* — "Eu vos introduzi na terra do Carmelo, para que comêsseis o seu fruto e o melhor dela" (Jr 2,7).

2.2. Atos anagógicos

Costumava dizer que:

- Há duas maneiras de resistir aos vícios e adquirir as virtudes. Existe uma maneira mais comum e não tão perfeita que consiste em procurar resistir a algum vício por meio de atos de virtude que se lhe opõem e que destroem tal vício, pecado ou tentação. Como se ao vício ou tentação de impaciência ou de espírito de vingança, que sinto em minha alma, por algum dano recebido, ou por palavras injuriosas, ou quisesse resistir lançando mão de considerações apropriadas, por exemplo, considerando a paixão do Senhor: "Era maltratado e ele sofria, não abria a boca"; ou trazendo à lembrança os bens que se adquirem com o sofrimento e com o vencer-se a si mesmo, ou ainda, pensando que Deus nos ordenou que sofrêssemos por advir daí o nosso aproveitamento etc. Por meio dessas considerações, consinto em sofrer, querer e aceitar a citada injúria, afronta ou dano, e isso, visando à glória e à honra de Deus. Esta maneira de resistir e de se opor à tentação, vício ou pecado em apreço dá ocasião ao exercício da virtude da paciência e é um bom modo de resistir, ainda que árduo e menos perfeito.

Há outra maneira, mais fácil, proveitosa e perfeita, de vencer vícios e tentações e adquirir e conquistar virtudes. Consiste no seguinte: a alma deve aplicar-se apenas nos atos e movimentos anagógicos e amorosos, prescindindo de outros exercícios estranhos; por este meio, consegue opor resistência e vencer todas as tentações do nosso adversário, alcançando assim as virtudes, em grau eminente.

Indicava a maneira de consegui-lo:

- Ao sentirmos o primeiro movimento ou a investida de algum vício, como a luxúria, ira, impaciência, espírito de vingança por uma ofensa recebida etc., não procuremos resistir opondo um ato de virtude contrária, segundo ficou dito, mas, desde os primeiros assaltos, façamos logo um ato ou movimento de amor anagógico contra o vício em questão, elevando nosso afeto a Deus, porque com essa diligência já a alma foge da ocasião e se apresenta a seu Deus e se une com ele. Ora, deste modo, consegue vencer a tentação, e o inimigo não pode executar o seu plano, pois não encontra a quem ferir, uma vez que a alma, por estar mais onde ama do que onde anima, subtraiu divinamente o corpo à tentação. Portanto, não acha o adversário por onde atacar e dominar a alma; ela já não se encontra ali onde ele a queria ferir e lhe causar dano.

E então, ó maravilha! a alma, como que esquecida do movimento vicioso e junta e unida com seu Amado, nenhum movimento sente do tal vício com que o demônio pretendia tentá-la, tendo mesmo, para isso, arremessado seus dardos contra ela; primeiramente, porque subtraiu o corpo, como ficou dito, e, portanto, já não se encontra ali; assim, se me permitem a expressão, seria quase como tentar um corpo morto, pelejar com o que não é, com o que não está, com o que não sente, nem é capaz de ser tentado, naquela ocasião.

Desta maneira, vai-se formando na alma uma virtude heróica e admirável, que o Doutor Angélico, santo Tomás, denomina virtude da alma perfeitamente purificada. Esta virtude, diz o santo, é a que vem a ter a alma quando Deus a eleva a tal estado que ela já não sente as solicitações dos vícios, nem seus assaltos, nem arremetidas ou tentações, pelo elevado grau de virtude a que chegou. E daqui nasce e advém uma tão sublime perfeição que já nada se lhe dá que a injuriem ou que a louvem e enalteçam; que a humilhem, que digam mal dela ou que digam bem. Porque, como os citados movimentos anagógicos e amorosos conduzem a alma a tão elevado e sublime estado, o efeito mais próprio deles com relação a ela é fazê-la esquecer todas as coisas que estão fora de seu Amado, que é Jesus Cristo. E daqui lhe vem, segundo referimos, que, estando a alma unida a seu Deus e entretida com ele, as tentações não encontram a quem ferir, pois não podem elevar-se ao nível a que a alma subiu, ou até onde foi elevada por Deus: "Nenhum mal te atingirá".

Aqui, o venerável padre frei João da Cruz adverte que:

- Deve-se prevenir os principiantes, cujos atos de amor anagógicos não são ainda tão rápidos e instantâneos, nem tão fervorosos, para que consigam, de um salto, ausentar-se completamente dali e unir-se com o Esposo, que, se perceberem que apenas essa diligência não basta para esquecer por completo o movimento vicioso da tentação, não deixem de opor resistência, lançando mão de todas as armas e considerações que puderem, até que cheguem a vencê-la completamente. Devem proceder do seguinte modo: primeiramente, procurem resistir, opondo os mais fervorosos movimentos anagógicos que lhes for possível e os ponham em prática, exercitando-se neles muitas vezes; quando isso não for suficiente, porque a tentação é forte e eles são fracos, aproveitem-se, então de todas as armas de piedosas meditações e exercícios que julgarem ser necessários para conseguir a vitória. Devem estar persuadidos de que este modo de resistir é excelente e eficaz, pois encerra em si todas as estratégias de guerra necessárias e de importância.

E dizia que:

- as palavras do Salmo 118: "Lembrai-vos da promessa feita ao vosso servo, na qual me destes esperanças" (v. 49), são tão poderosas e eficazes que com elas se consegue tudo de Deus.

E, repetindo com devoção as palavras do santo Evangelho: "Não sabíeis que devo ocupar-me nas coisas de meu Pai?" (Lc 2,49),

assegurava que:

- a alma se reveste de desejo de fazer a vontade de Deus, à imitação de Cristo, Senhor nosso, e se acende nela um ardentíssimo anseio de padecer por seu amor, assim como a solicitude pelo bem das almas.

E que:

- planejando a divina Majestade destruir e arrasar a cidade de Constantinopla, por meio de violentíssima tempestade, ouviram os anjos repetir, por três vezes, estas palavras: "Sanctus Deus, Sanctus Fortis, Sanctus Immortalis, miserere nobis"; com essa súplica, logo Deus se aplacou, fazendo cessar a procela que já havia causado muito dano e ameaçava acarretar maior prejuízo ainda.

E, assim, afirmava:

- serem as citadas palavras de grande eficácia, quando dirigidas a Deus em necessidades particulares de fogo, água, ventos, tempestades, guerras, assim como em vicissitudes de alma e corpo, honra, haveres etc.

(Ditames, 5).

2.3. Pássaro solitário

Nesta quietação, o entendimento é levantado com estranha novidade, acima de todo o conhecimento natural, à divina iluminação, como alguém que, depois de um demorado sono, abrisse de repente os olhos à luz não esperada. Tal conhecimento foi significado por Davi nestes termos: "Vigiei, e me fiz como pássaro solitário no telhado". Como se dissesse: abri os olhos do meu entendimento, e me achei, acima de todas as inteligências naturais, solitário, sem elas, no telhado, isto é, sobre todas as coisas terrenas. Diz ter feito semelhante ao pássaro solitário, porque, nesta espécie de contemplação, o espírito adquire as propriedades deste pássaro, as quais são cinco.

Primeira: ordinariamente se põe ele no lugar mais alto; assim também, o espírito, neste estado, eleva-se à mais alta contemplação.

Segunda: sempre conserva o bico voltado para o lado de onde sopra o vento; o espírito, de modo semelhante, volve o bico de seu afeto para onde lhe vem o espírito de amor, que é Deus.

Terceira: permanece sempre sozinho, e não tolera outros pássaros junto a si; se acontece de algum vir pousar onde ele se acha, logo levanta vôo. Assim o espírito, nesta contemplação, está sempre em solidão de todas as coisas, despojado de tudo, sem consentir que haja em si outra coisa a não ser essa mesma solidão em Deus.

Quarta: canta muito suavemente; o mesmo faz o espírito, para com Deus, por esse tempo, e os louvores que a ele dá são impregnados de suavíssimo amor, sobremaneira deliciosos para si mesmo, e preciosíssimos para Deus.

Quinta: não tem cor determinada; assim também, o espírito perfeito não só deixa de ter, neste excesso, cor alguma de afeto sensível ou de amor-próprio, mas até carece agora de qualquer consideração particular, seja das coisas do céu, seja da terra, nem poderá delas dizer coisa alguma, por nenhum modo ou maneira, porquanto é um abismo essa notícia de Deus, que lhe é dada.

(C 15,24) [8]

---

8. Outra alusão às propriedades do pássaro solitário pode ser encontrada em *Ditos* 119.

2.4. Suma da perfeição

Olvido do que é criado,
memória do Criador,
atenção ao interior
e estar amando o Amado.

(P 15)

3. TEXTOS DE DIREÇÃO ESPIRITUAL

Agrupamos sob o título de "textos de direção espiritual" os *Ditos de luz e amor* e algumas *Cartas*.

Os *Ditos de luz e amor*, como já tivemos oportunidade de mencionar[9], são o fruto do exercício do ministério sacerdotal de são João da Cruz junto às monjas. Frases lapidares, além de manifestar o gênio literário de quem as escreveu, condensam valiosos avisos para a vida de perfeição.

Com relação às *Cartas*, é necessário notar que, devido à perseguição lançada contra nosso santo pelos próprios irmãos na Descalcez, muitas delas foram queimadas, com o intuito de evitar calúnias ainda maiores. Assim, o epistolário sanjuanista chegou até nós bastante reduzido (66 cartas no total, incluindo os fragmentos e as referências). Este pequeno repertório, porém, é suficientemente variado para nos proporcionar uma idéia da larga gama de pessoas com quem são João da Cruz tratava de assuntos espirituais. Não só os frades e as monjas, mas também leigos dos mais diferentes estados, foram destinatários de sua correspondência.

---

9. Cf. nota 3, p. 29.

O singular valor desta porção do *corpus* dos escritos de são João da Cruz reside no fato de serem as cartas o veículo a nos revelar, de maneira muito viva e real, o guia e mestre que foi este frade carmelita. Com a segurança de quem tem a experiência e conhece todos os acidentes do caminho, ele inicia os principiantes na via da purificação ativa; consola quem se lamenta da ausência de Deus, mostrando ainda a grande graça que isso constitui; impele à prática das virtudes, ao crescimento no amor, à maior intensidade na vida de oração; corrige o que está desviado e estimula o que deve se aperfeiçoar.

As *Cartas*, despojadas da linguagem formal e impessoal dos tratados ou das máximas ascéticas, permitem-nos entrever aquele santo tão terno, tão humano, que partilha as tristezas com os que sofrem (cf. C 24; 45), que se alegra com uma nova fundação ou uma ordenação sacerdotal (cf. C 18; 32), que não nega sentir saudades (cf. C 6; 20; 22; 44) ou que manifesta o contentamento de estar em um convento mais isolado para gozar da solidão com Deus (cf. C 46; 53). Em suma, revelam, como nos mostra a seleção aqui oferecida, a pessoa, o coração de são João da Cruz.

3.1. Alguns "Ditos de luz e amor"[10]

Também, ó Deus e deleite meu, a estes ditos de luz e amor teu, quis a minha alma, por amor de ti, dedicar-se; tendo, porém, a língua deles, não tenho as suas obras e virtude, que é onde, Senhor meu, te deleitas (mais que na linguagem e sabedoria que encerram); talvez outras pessoas impelidas por estas sentenças, possam, aproveitar em seu serviço e amor naquilo que falho: e, assim, a minha alma consolar-se-á em ter sido ocasião de encontrares noutras o que nela falta.

Amas, Senhor, a prudência, amas a luz, amas o amor mais que todas as operações da alma. Por isto, estes ditos serão de prudência no caminhar, de luz para o caminho e de amor no caminhar. (...) (Prólogo).

2. Ó Senhor, Deus meu! Quem te buscará com amor puro e singelo que deixe de imaginar muito a seu gosto e vontade, pois que és tu o primeiro a mostrar-te e sais ao encontro daqueles que te desejam?

12. Deus prefere em ti o menor grau de pureza de consciência a quantas obras puderes fazer.

---
10. Agrupados em sete coletâneas, os *Ditos de luz e amor* somam um total de 181 frases espirituais, apresentadas em numeração contínua. Apresentamos algumas delas, precedidas de seu número correspondente.

13. Deus quer de ti antes o menor grau de obediência e sujeição que todos esses serviços que pensas prestar-lhe.
16. Ó dulcíssimo amor de Deus, mal conhecido! Quem te encontrou a fonte, repousou.
20. Mais agrada a Deus uma obra, por pequena que seja, feita às escondidas e sem pretensão de que se saiba, do que mil feitas com desejo de que os homens as saibam; pois quem trabalha por Deus com amor puríssimo, não somente não se lhe dá que os homens o vejam, mas nem mesmo faz as obras para que as saiba o próprio Deus; e, ainda que ele nunca as viesse saber, não deixaria de prestar-lhe os mesmos serviços e isto com a mesma alegria e pureza de amor.
22. Duas vezes trabalha o pássaro que se deixa prender pelo visco, a saber: o libertar-se e limpar-se; de duas maneiras sofre quem satisfaz seus apetites: libertar-se e, depois de liberto, limpar-se do que se lhe pegou.
28. A alma enamorada é suave, mansa, humilde e paciente.
29. A alma dura, em seu amor-próprio se endurece. Se tu não suavizas a alma em teu amor, ó bom Jesus, ela perseverará sempre em sua natural dureza.
30. O que perde a ocasião é como o que solta da mão a ave que não voltará a apanhar.

33. Um só pensamento do homem vale mais que o mundo todo; portanto, só Deus é digno dele.

37. Árido está meu espírito, porque se esquece de apascentar-se em ti.

48. Senhor, Deus meu, não és um estranho para quem não for esquivo contigo: como dizem que tu te ausentas?

58. Ao entardecer desta vida, examinar-te-ão no amor. Aprende a amar como Deus quer ser amado e deixa a tua condição.

62. Não te entristeças repentinamente com os casos adversos do século, pois não sabes o bem que consigo trazem, ordenado nos juízos de Deus para o gozo sempiterno dos eleitos.

71. Que te aproveita dar a Deus uma coisa se ele te pede outra? Considera o que Deus quer e faze-o, que assim satisfarás melhor o teu coração do que com aquilo a que te inclinas.

75. Se na hora da conta te hás de lamentar por não teres empregado este tempo no serviço de Deus, por que não o ordenas e empregas agora como o quererás tê-lo feito quando estiveres morrendo?

88. Entre dentro de si e trabalhe na presença do Esposo, que está sempre presente e lhe quer bem.

90. Que lhe baste Cristo crucificado! Com ele sofra e descanse; mas para isso há de aniquilar-te em todas as coisas exteriores e interiores.

95. A alma que caminha no amor não cansa nem se cansa.

98. Uma palavra disse o Pai, que foi seu Filho; e di-la sempre no eterno silêncio e em silêncio ela há de ser ouvida pela alma.

100. Quem não busca a cruz de Cristo não busca a glória de Cristo.

101. Para enamorar-se Deus de uma alma, não olha a sua grandeza, mas a grandeza de sua humildade.

126. A alma desejosa de que Deus se lhe entregue totalmente, há de se entregar toda, sem reservar nada para si.

130. A maior necessidade que temos para progredir é calar, diante deste grande Deus, o apetite e a língua, pois a linguagem que ele mais ouve é a do amor silente.

134. Andar a sós com Deus; trabalhar, entretanto, em esconder os bens de Deus.

141. Não se justifique, nem se recuse a ser por todos corrigido; ouça de rosto sereno toda repreensão, pense que é Deus quem lha diz.

154. Doze estrelas para chegar à suma perfeição: amor de Deus, amor do próximo, obediência, castidade, pobreza, assistência ao coro, penitência, humildade, mortificação, oração, silêncio, paz.

156. Procurai lendo e encontrareis meditando, chamai orando e abrir-vos-ão contemplando.

172. Quem se queixa e murmura não é perfeito, nem mesmo bom cristão.

173. É humilde quem se esconde em seu próprio nada e sabe abandonar-se em Deus.

174. É manso quem sabe suportar o próximo e tolerar-se a si mesmo.

175. Se queres ser perfeito, vende a tua vontade e dá-a aos pobres de espírito e vem a Cristo pela mansidão e humildade e segue-o ao Calvário e ao sepulcro.

3.2. Cartas

[ÀS CARMELITAS DESCALÇAS DE BÉAS]
[Málaga, 18 de novembro de 1586]

Jesus esteja em suas almas, filhas minhas.

Pensam, porventura, que por estar eu tão calado as tenha perdido de vista e deixe de considerar com que grande facilidade podem ser santas e com que sumo gozo e seguro amparo podem andar em deleites do amado Esposo? Pois eu irei aí e então hão de ver como não andava esquecido, e veremos as riquezas adquiridas no amor puro e nas sendas da vida eterna e os belos passos que dão em Cristo, cujas delícias e coroas são as suas esposas: coisa digna não de andar rolando pelo chão, mas de ser tomada entre as mãos dos serafins e por eles colocada, com apreço e respeito, na cabeça de seu Senhor.

Quando o coração anda em coisas rasteiras, a coroa rola pelo chão e cada uma delas a empurra com o pé; mas quando *o homem se achega ao coração elevado* de que fala Davi, então *Deus é exaltado,* com a coroa daquele coração elevado de sua esposa, com que *é coroado no dia do júbilo do seu coração* em que encontra as *suas delícias em estar com os filhos dos homens*. Estas águas de deleites interiores não nascem na terra; é para o lado do céu que se há de abrir a boca do desejo, vazio de tudo o mais, para que assim a boca do apetite, não contraída nem apertada com nenhum bocado de outro gosto, se conserve bem vazia e aberta para aquele que disse: *"Abre e dilata a tua boca e eu a encherei"*. De maneira que o que busca gosto em alguma coisa já não se conserva vazio para que Deus o replene de seu inefável deleite e, assim, como vai a Deus também o deixa porque leva as mãos embaraçadas e não pode pegar o que ele lhe havia de dar. Deus nos livre de tão desastrosos embaraços, que tão doces e saborosas liberdades dificultam.

Sirvam a Deus, minhas amadas filhas em Cristo, seguindo-lhe as pegadas de mortificação, em toda a paciência, em todo o silêncio e em todo o desejo de padecer, transformadas em verdugos dos prazeres, mortificando-se, se porventura resta ainda algo por morrer que dificulte a ressurreição interior do Espírito, o qual habita em vossas almas. Amém.

De Málaga, 18 de novembro de 1586.

Seu servo,
FREI JOÃO DA †
(Ct 20)

[A ANA DE JESUS E DEMAIS CARMELITAS
DESCALÇAS DE BÉAS]
[Granada, 22 de novembro de 1587]

(*Sobrescrito*) A Ana de Jesus e às demais irmãs Carmelitas Descalças do Convento de Béas:

Jesus e Maria estejam em suas almas, minhas filhas em Cristo. Muito me consolei com vossa carta. Que Nosso Senhor vo-lo pague.

Se não lhes escrevi, não foi por falta de vontade, pois desejo sinceramente o vosso aproveitamento, e sim por me parecer que o que já se disse e se escreveu é suficiente para executar o que importa; e o que falta — se é que algo está faltando — não é o escrever e o falar, pois isso, ordinariamente, sobra, mas o calar e obrar. Além do que, o falar distrai, enquanto o calar e obrar recolhem e fortalecem o espírito. E, assim, logo que uma pessoa sabe o que lhe disseram para o seu aproveitamento, já não tem necessidade de ouvir nem de falar, e sim de executar deveras, com silêncio e cuidado, em humildade, caridade e desprezo de si mesma. E não andar, logo depois, em busca de outras coisas que não servem senão para satisfazer o apetite no exterior (e ainda sem consegui-lo) e deixar o espírito fraco e vazio, sem virtude interior. E daqui vem que não aproveitam nem de uma coisa nem de outra. É como quem come sobre a porção maldigerida; acontece que repartindo-se o calor natural entre um e outro alimento não tem força para fazer com que a assimilação se processe plenamente, ocasionando a enfermidade. É muito necessário, minhas filhas, saber furtar o espírito ao demônio e à nossa sensualidade. A não ser assim, achar-nos-emos, sem saber como, muito sem progresso e muito alheios às virtudes de Cristo, e, depois, amanheceremos com o nosso trabalho e obra feitos às avessas; e, supondo levar a lâmpada acesa, encontrá-la-emos como que extinta, porque os sopros que ao nosso parecer dávamos para avivá-la, quiçá ainda mais a enfraqueciam. Digo, pois, que, para evitar que assim aconteça e para guardar o espírito, como disse, não há melhor remédio que padecer, agir e calar e fechar os sentidos com prática e inclinação de soledade e olvido de toda criatura e de todos os acontecimentos, ainda que o mundo venha abaixo. Nunca, por bem nem por mal, deixar de aquietar o coração com entranhas de amor para padecer em todas as ocasiões que surgirem. Porque a perfeição é de tão inestimável valor, e o deleite de espírito de tão elevado preço, que queira Deus que ainda tudo isso baste, pois não é possível progredir senão agindo e padecendo virtuosamente, e tudo envolto em silêncio.

Isto entendido, filhas: a alma que se entrega facilmente a conversas e passatempos mostra estar muito pouco atenta a Deus. Porque, quando o está, logo sente um vigoroso puxão interior para que cale e fuja de todo entretenimento. É que Deus mais deseja que a alma se deleite com ele do que com qualquer criatura, por mais excelente que seja e por mais a propósito que pareça.

Encomendo-me às orações de Vossas Caridades e tenham por certo que, apesar de ser pouco, a minha caridade está tão concentrada aí que não me esqueço daquelas a quem tanto devo no Senhor, o qual esteja com todos nós. Amém.

De Granada, 22 de novembro de 1587.

FREI JOÃO DA †

O que mais precisamos fazer é conservar-nos calados na presença deste grande Deus, com o apetite e com a língua, pois a linguagem que ele ouve é a do amor silencioso.

(Ct 22)

[A MADRE LEONOR BATISTA, CARMELITA
DESCALÇA EM BÉAS]
[Granada, 8 de fevereiro de 1588]

Jesus esteja com Vossa Reverência.

Não pense, filha em Cristo, que não me compadeci de seus desgostos, assim como daquelas que deles participaram, mas consolo-me recordando que Deus, chamando-a à vida apostólica, que é vida de desprezo, a conduz por esse caminho. Deus quer que o religioso seja de tal maneira que tenha acabado com tudo e que tudo tenha acabado para ele, pois o mesmo Deus deseja ser sua riqueza, consolo e glória deleitável. Grande graça fez ele a Vossa Reverência, porque agora, completamente esquecida de todas as coisas, poderá, bem a sós, deleitar-se em Deus, nada se lhe dando que façam de si o que quiserem, por amor de Deus, já que não se pertence a si mesma, senão a ele.

Mande-me dizer se é certa a sua partida para Madri e se a madre Priora vem. Encomende-me muito as minhas filhas Madalena e Ana e a todas; não posso agora escrever-lhes.

De Granada, 8 de fevereiro de 1588.

FREI JOÃO DA †
(Ct 24)

[A DONA JOANA DE PEDRAZA,
EM GRANADA]
[Segóvia, 28 de janeiro de 1589]

Jesus esteja em sua alma.

Há poucos dias, escrevi-lhe, por intermédio do padre frei João, respondendo à sua última carta que me foi tanto mais grata quanto mais eu a havia esperado. Na que lhe respondi disse, como segundo me parece, que recebi todas as suas cartas e tenho me compadecido de suas queixas, males e soledades, os quais no seu silêncio clamam tão alto, que nem a pena consegue declarar. Tudo são golpes e toques na alma a fim de estimulá-la no amor; levam-na a ter mais oração e despertam espirituais anseios por Deus, para que ele conceda aquilo que ela lhe suplica. Já lhe disse que não há motivo para inquietar-se com aquelas ninharias, mas faça o que lhe têm mandado e, quando lhe impedirem, obedeça e avise-me, que Deus proverá do melhor modo. Deus cuida do que diz respeito àqueles que lhe querem bem, sem que seja necessário que eles andem solícitos.

Com relação às coisas da alma, o melhor meio de segurança é não ter apego a coisa alguma, nem apetite de nada; e convém ser muito leal e reta com quem a dirige, pois, de outro modo, seria não querer ser guiada. E, quando a direção é segura e adequada, todos os outros pareceres, ou não são oportunos ou prejudicam. Não se apegue a alma a coisa alguma, pois, se permanecer fiel à oração, Deus terá cuidado de seus haveres, já que não pertencem a outro dono, nem hão de pertencer. Isto observo em mim mesmo: quanto mais as coisas são minhas, mais tenho nelas a alma, o coração e o cuidado porque o objeto amado se faz uma só coisa com o amante, e assim Deus faz também com quem o ama. Daqui vem que não pode alguém esquecer o objeto amado sem esquecer a própria alma e chega até a esquecer-se da alma pelo objeto amado, porque mais vive nele do que em si.

Oh! grande Deus de amor e Senhor! Quantos tesouros depositais naquele que só a vós ama e não acha seu prazer senão em vós! Pois entregai-vos a vós mesmo e vos tornais uma só coisa com ele por amor! E nisto lhe dais a amar e saborear aquilo que a alma mais deseja em vós e o que mais lhe aproveita! Entretanto, porque convém que não nos falte cruz, como ao nosso Amado, até a morte de amor, ele ordena as nossas paixões no amor do que mais desejamos, a fim de que façamos maiores sacrifícios e tenhamos mais mérito. Porém, tudo é breve, apenas o tempo de levantar o cutelo e Isaac permanece vivo e recebe a promessa de multiplicada posteridade.

É preciso armar-se de paciência nesta pobreza, filha minha, que é útil para sair bem da nossa terra e para entrar na vida de perfeito gozo, a qual é... de vida.

Por enquanto, ainda não sei quando poderei ir até aí. Estou bem, ainda que a alma ande muito atrasada.

Encomende-me a Deus e entregue as cartas a frei João ou às monjas, com mais freqüência, segundo lhe for possível; e se não fossem tão breves, seria melhor.

De Segóvia, 28 de janeiro de 1589.

FREI JOÃO DA †
(Ct 27)

[A UMA JOVEM
DE NARROS DEL CASTILLO (ÁVILA),
ASPIRANTE A CARMELITA DESCALÇA
EM MADRI]
[Segóvia, fevereiro de 1589 (?)]

Jesus esteja em sua alma.

O mensageiro cruzou comigo numa ocasião em que não dava para responder, quando ele estava a caminho e ainda agora está à espera. Que Deus lhe dê sempre sua graça, minha filha, para que se empregue toda e em tudo em seu santo amor, segundo está obrigada a fazer, uma vez que foi só para isso que ele a criou e remiu.

Com relação aos três pontos que me pergunta, haveria muito o que dizer sobre eles, bem mais do que comporta a brevidade desta carta, mas dir-lhe-ei outros três que lhe serão proveitosos.

Acerca dos pecados, que Deus tanto abomina, que o levaram à morte, convém-lhe, para chorá-los devidamente e não vir a cair neles, ter o menor trato possível com as pessoas do mundo, esquivando-se delas, e nunca falar mais do que o necessário em cada coisa, porque o alargar-se no trato com os outros, além do estritamente necessário e razoável, nunca beneficiou a ninguém, por mais santo que fosse; e, com isso, observar a lei de Deus com grande exatidão e amor.

Com relação à paixão do Senhor, procure ser rigorosa para com o corpo, com discrição;

procure também renunciar-se a si mesma e se mortificar. Não queira fazer sua vontade em coisa alguma, nem ter gosto em nada, pois foi esta a causa de sua paixão e morte. E o que fizer seja sempre com o conselho de sua mãe.

Sobre o terceiro, que é a glória, para pensar nela como convém e tê-la em grande estima, considere toda a riqueza do mundo e os deleites que ela oferece como lodo, vaidade e fadiga, como na realidade o são, e não tenha em apreço coisa alguma, por grande e preciosa que pareça, senão o estar bem com Deus, pois tudo o que há de melhor neste mundo, comparado com os bens eternos para que fomos criados, é feio e amargo, e, ainda que seja passageira sua amargura e fealdade, ficará indelevelmente impresso na alma de quem o estimar.

Do seu negócio eu não me esqueço; mas por agora não se pode fazer mais, não obstante meu grande desejo. Encomende muito a Deus este assunto e tome por advogados do caso a Nossa Senhora e a são José.

Encomende-me muito a sua mãe e que ela tenha por sua esta carta. Uma e outra encomendem-me a Deus e peçam às suas amigas que o façam também por caridade.

Deus lhe dê o seu Espírito.

De Segóvia, fevereiro.

FREI JOÃO DA †
(Ct 28)

[A UM RELIGIOSO CARMELITA DESCALÇO,
SEU FILHO ESPIRITUAL]
[Segóvia, 14 de abril de 1589 (?)]

A paz de Jesus Cristo esteja sempre em sua alma, filho.

Recebi a carta em que Vossa Reverência me fala sobre os grandes desejos que Nosso Senhor lhe concede, para aplicar exclusivamente nele a sua vontade, amando-o sobre todas as coisas, e na qual me pede alguns conselhos que o auxiliem a consegui-lo.

Folgo muito de que Deus lhe tenha dado tão santos desejos e muito mais folgarei de que os ponha em prática. Para isso é necessário ter bem presente que todos os gostos, gozos e afeições da alma nascem sempre da vontade e querer das coisas que se lhe oferecem como boas, convenientes e deleitáveis por lhe parecerem elas gostosas e preciosas; e, segundo isto, se movem os apetites da vontade em relação a elas e as espera, nelas se deleita quando as possui, receia perdê-las e sofre vendo-se sem elas; e, assim, segundo as afeições e gozos das coisas, anda a alma perturbada e inquieta.

Portanto, para aniquilar e mortificar estas afeições de gosto acerca de tudo o que não é Deus, deve Vossa Reverência notar que tudo aquilo de que a vontade pode gozar distintamente é o que é suave e deleitável, por lhe parecer isso saboroso; mas nenhuma coisa agradável e suave em que ela possa gozar e deleitar-se é Deus, porque assim como Deus não pode ser apreendido pelas demais potências, tampouco pode ser objeto dos apetites e gostos da vontade, porque assim como nesta vida a alma não pode saborear a Deus essencialmente, assim também toda a suavidade e deleite que experimentar, por sublime que seja, não pode ser Deus; e também porque tudo o que a vontade pode gostar e apetecer distintamente provém do conhecimento adquirido por meio de tal ou tal objeto.

E, assim sendo, como a vontade nunca saboreou a Deus tal como ele é, nem o conhece sob qualquer apreensão de apetite, e, por conseguinte, não sabe como Deus é, não pode saber qual é o seu sabor, nem pode o seu ser, apetite e gosto chegar a saber apetecer a Deus, pois está acima de toda a sua capacidade, logo, claro está que nenhuma coisa distinta, de quantas a vontade pode gozar, é Deus. Por isso, para unir-se a ele, se há de esvaziar e desapegar de qualquer afeto desordenado de apetite e gosto de tudo o que distintamente pode gozar, tanto celeste como terreno, temporal ou espiritual, a fim de que, purgada e limpa de quaisquer gostos, gozos e apetites desordenados, toda ela se empregue em amar a Deus e para ele dirija todos os seus afetos.

Porque se de alguma maneira pode a vontade atingir a Deus e unir-se com ele, não é por qualquer meio apreensivo do apetite, e sim pelo amor; e como não é amor o deleite e suavidade, ou qualquer gosto que a vontade possa experimentar, segue-se que nenhum dos sentimentos saborosos pode ser meio adequado para que a vontade se una a Deus, mas unicamente operação da vontade, pois há grande diferença entre a operação da vontade e o seu sentimento: pela operação, une-se com Deus e nele põe o seu termo, o que é amor, e não pelo sentimento e apreensão do seu apetite, que se assenta na alma como fim e remate. Os sentimentos não podem servir de moção para amar, se a vontade quer passar adiante e nada mais. De si, os sentimentos são saborosos e não encaminham a alma para Deus, antes, a fazem deter-se neles mesmos, porém, a operação da vontade, que é amar a Deus, só nele põe o afeto, gozo, gosto, contentamento e amor da alma, afastadas todas as coisas, e amando-o acima de todas elas.

De onde vem que se alguém se move a amar a Deus, não por causa da suavidade que sente, já deixa atrás essa suavidade e põe o amor em Deus, a quem não sente; porque se o pusesse na suavidade e gosto que experimentou, reparando e detendo-se nele, isto seria pô-lo em criatura ou coisa referente a ela, e transformar o motivo em fim e termo. Por conseguinte, a obra da vontade seria viciosa; e, sendo Deus inacessível e incompreensível, a vontade não há de pôr a sua operação de amor — para a pôr em Deus — naquilo que o apetite pode tocar e apreender, mas no que não pode compreender nem alcançar por meio dela. E, desta maneira, a vontade fica amando com fundamento e deveras, ao gosto da fé, também em vazio e desprendimento e às escuras de seus sentimentos sobre todos os que ela pode alcançar com o entendimento de suas inteligências, crendo e amando além de tudo quanto pode entender.

E, assim, muito insensato seria aquele que, por lhe faltar a suavidade e deleite espiritual, pensasse que por isso lhe falta Deus, e, quando a tivesse, se regozijasse e deleitasse pensando que por isso possuía a Deus. E mais insensato ainda seria se andasse a buscar esta suavidade em Deus e se se dispusesse a deleitar-se e a deter-se nela, porque desta maneira já não andaria buscando a Deus com a vontade fundada em desnudez de fé e caridade, mas estaria indo ao encalço do gosto e suavidade espiritual, que é criatura, deixando-se, assim, arrastar pelo seu gosto e apetite. E, deste modo, já não estaria amando a Deus puramente, sobre todas as coisas — que consiste em concentrar nele toda a força da vontade —, porque, apegando-se e apoiando-se àquela criatura com o apetite, não se eleva a vontade por ela até Deus, que é inacessível, já que é coisa impossível que a vontade consiga chegar à suavidade e deleite da divina união, nem chegue a prelibar os doces e deleitosos abraços de Deus, a não ser em desnudez e vazio de apetite em todo o gosto particular, quer se trate de coisas celestes, quer das terrenas. Foi o que Davi quis significar quando disse: *"Dilata os tuum, et implebo illud"*.

Convém, pois, saber que o apetite é a boca da vontade, a qual se dilata quando não se embaraça nem se ocupa com qualquer bocado de algum gosto; porque quando o apetite se apega a alguma coisa, nisso mesmo se restringe, pois fora de Deus tudo é estreiteza. E assim, para que a alma acerte no caminho para Deus e se una a ele, há de ter a boca da vontade aberta apenas para o mesmo Deus, vazia e desapropriada de todo bocado de apetite, a fim de que ele a encha e replene de seu amor e doçura, conservando essa fome e sede de Deus só, sem querer satisfazer-se com outra coisa, pois aqui na terra não se pode saborear a Deus tal como ele é, e mesmo aquilo que se pode saborear (se interfere o apetite, digo), também o impede. Isso ensinou Isaías ao dizer: *"Todos vós que tendes sede, vinde às águas etc."*; por essas palavras convida os que têm sede exclusivamente de Deus e estão desprovidos da prata do apetite, para que bebam à saciedade das águas divinas da união com Deus.

Convém, pois, muito a Vossa Reverência, e é de grande importância, se deseja gozar de grande paz na sua alma e chegar à perfeição, entregar-lhe inteiramente a sua vontade para assim se unir a ele, e não a empregar nas coisas vis e mesquinhas da terra.

Sua Majestade o faça tão espiritual e santo quanto eu desejo.

De Segóvia, 14 de abril.

FREI JOÃO DA †
(Ct 29)

[A DONA JOANA DE PEDRAZA,
EM GRANADA]
[Segóvia, 12 de outubro de 1589]

(*Sobrescrito*) À dona Joana de Pedraza, em casa do Arcediago de Granada, em frente do Colégio dos Abades.

Jesus esteja em sua alma e seja ele louvado por ma ter dado para que não me esqueça dos pobres como de uma sombra, segundo me escreveu; ficaria muito triste se seu pensamento correspondesse às suas palavras! Muito mau seria se isso acontecesse, depois de haver dado tantas provas, e mesmo quando menos o mereço. Não me faltava mais nada agora, senão esquecê-la. Considere bem e veja se se pode esquecer de quem está assim na alma.

Como anda nessas trevas e vazios de pobreza espiritual, pensa que tudo e todos lhe faltam, mas não é de admirar, pois, nesse estado, lhe parece que até Deus lhe falta; entretanto, não é assim, nada lhe falta nem tem necessidade de tratar de nada, nem tem de que nem o sabe nem o achará, porque tudo é suspeita sem fundamento. Quem não quer outra coisa senão a Deus, não anda nas trevas, por mais escuro e pobre que se veja; e quem não anda em presunções, nem em gostos próprios, de Deus ou das criaturas, nem faz a própria vontade, seja no que for, não tem em que tropeçar, nem de que tratar. Tenha ânimo, que tudo vai bem; deixe-se disso e alegre-se; quem imagina ser, para ter cuidado de sua pessoa? Que bela figura faria!

Nunca esteve melhor do que agora, porque nunca esteve tão humilde, nem tão submissa, nem com opinião menos lisonjeira a seu respeito, nem com menor estima pelas coisas do mundo; antes não se conhecia por tão má nem a Deus por tão bom, nem o servia tão pura e desinteressadamente como agora o faz; já não vai atrás das imperfeições e interesses da sua vontade, como, talvez, costumava.

Que mais quer? Que vida ou modo de proceder idealiza neste mundo? Que pensa que seja servir a Deus, senão abster-se do mal, observando seus mandamentos e trilhando os seus caminhos como pudermos? E, quando isso se faz, que necessidade temos de outras apreensões ou de outras luzes ou sucos, lá de cima ou daqui de baixo, nos quais não faltam, ordinariamente, tropeços ou perigos para a alma que se engana e deslumbra com essas apreensões e apetites, induzida ao erro por suas mesmas potências? E, assim, é grande mercê quando Deus as obscurece e empobrece a alma, a ponto de não poder errar com elas. E, já que deste modo não se cai em erro, que há ainda para acertar? É só seguir pelo chão batido da lei de Deus e da Igreja, vivendo apenas em fé obscura e verdadeira, em esperança certa e em caridade inquebrantável, andando por aqui como peregrinos, pobres, desterrados, órfãos, em aridez, sem caminho e sem nada, esperando tudo do céu!

Alegre-se e confie em Deus, que já lhe deu várias provas de que muito bem o pode e deve fazer. Senão, não será de admirar que se desgoste, vendo-a andar tão tola, quando ele a conduz pelo caminho que mais lhe convém, tendo-a colocado em posto tão seguro. Nada queira, a não ser este modo, e procure pacificar a alma, que vai bem, e comungue como de costume. Confesse-se quando houver coisa clara e nada de consultas. Quando for necessário, escreva-me; escreva logo e com mais freqüência. Poderá fazê-lo por intermédio de dona Ana, quando não for possível mandar pelas monjas.

Estive um tanto indisposto, mas já sarei; João Evangelista é que está mal. Encomende-o a Deus e a mim também, minha filha no Senhor.

De Segóvia, 12 de outubro de 1589.

FREI JOÃO DA †

(Ct 35)

[A UMA PRIORA CARMELITA DESCALÇA
QUE PADECIA DE ESCRÚPULOS]
[Sem mencionar o lugar nem a data.
Pouco antes de Pentecostes]

Jesus Maria.

Nestes dias, mantenha o interior ocupado em desejos da vinda do Espírito Santo e na festa de Pentecostes, e depois em sua contínua presença; e seja tanta a diligência e o apreço com que deve tratar disso, que não se ocupe de outra coisa, nem nela se detenha, quer sejam penas ou lembranças importunas; em todos esses dias, ainda que haja faltas em casa, não as considere, por amor ao Espírito Santo e pelo que se deve à paz e quietação da alma em que lhe apraz habitar.

Se pudesse acabar com seus escrúpulos e não se confessar nestes dias, creio que seria melhor para a sua tranqüilidade, mas, se o fizer, seja da seguinte maneira:

Acerca das advertências e pensamentos, quer seja de juízos, de objetos ou representações desordenadas e outros quaisquer movimentos que se apresentem, sem que a alma os queira ou admita e sem querer deter-se advertidamente neles, não os confesse, nem faça caso deles, nem lhes dê atenção, pois o melhor é esquecê-los, por mais que sofra a alma; quando muito, pode acusar de uma maneira geral a omissão ou incúria que, porventura, tenha tido acerca da pureza e da perfeição que deve ter nas potências interiores, memória, entendimento e vontade.

Acerca das palavras, o excesso e pouco recato em que, talvez, possa ter incorrido em falar com verdade e retidão, necessidade e pureza de intenção.

Acerca das obras, a falta que pode haver do reto e solitário fim, sem respeito algum, que é só Deus.

E, confessando-se deste modo, pode ficar satisfeita, sem descer a detalhes ou particularidades nestas coisas, por mais que se sinta aguilhoada por elas. Comungue em Pentecostes, além dos dias habituais.

Quando se lhe oferecer algum contratempo ou desgosto, lembre-se de Cristo crucificado e cale-se.

Viva em fé e esperança, ainda que seja às escuras, que nestas trevas Deus ampara a alma. Lance seus cuidados em Deus, que ele a ajudará; não a esquecerá. Não pense que a deixa só, pois isso seria fazer-lhe agravo.

Leia, reze, alegre-se em Deus, seu bem e salvação, o qual lhe conceda e conserve tudo até o dia da eternidade. Amém, amém.

FREI JOÃO DA †
(Ct 40)

[A MADRE ANA DE JESUS, EM SEGÓVIA]
[Madri, 6 de julho de 1591]

(*Sobrescrito*) A madre Ana de Jesus, carmelita descalça em Segóvia.

Jesus esteja em sua alma.

Agradeço-lhe muito o haver-me escrito, e com isso fico-lhe ainda mais grato do que era. O fato de que as coisas não tenham sucedido segundo desejava deve ser antes motivo de consolo e de render muitas graças a Deus, pois, havendo Sua Majestade disposto desse modo, é o que mais convém a todos nós. Só resta abraçarmos tudo com a vontade, para que, assim como é verdade, assim também no-lo pareça; porque as coisas que não dão gosto, por boas e convenientes que sejam, parecem más e adversas e esta vê-se bem que não o é, nem para mim, nem para ninguém: para mim é muito favorável, porquanto com a liberdade e desencargo de almas, caso deseje, posso, mediante o favor divino, gozar da paz, da solidão e do delicioso fruto do esquecimento próprio e de todas as coisas; para os outros também é vantajoso que eu fique de lado, pois assim se livrarão das faltas em que incorreriam levados por minha miséria.

O que lhe peço, filha, é que suplique ao Senhor que de todas as maneiras me leve adiante esta mercê, pois ainda receio que me mandem ir a Segóvia e não me deixem de todo livre, embora faça eu todo o possível por livrar-me também disto. Mas, se não puder ser, tampouco se terá livrado a madre Ana de Jesus das minhas mãos, como pensa, e por isso não morrerá com essa mágoa de que acabou, segundo imagina, a oportunidade de ser muito santa. Porém, agora, quer eu me vá, quer fique, onde e como for, não a esquecerei nem abandonarei o seu interesse porque deveras desejo o seu bem para sempre.

Agora, enquanto aguardamos que Deus nos dê no céu esse bem, entretenha-se exercitando as virtudes de mortificação e paciência, desejando, de algum modo, tornar-se semelhante, no padecer, a este nosso grande Deus humilhado e crucificado, pois que esta vida não é boa se não for para o imitar.

Sua Majestade a conserve e a faça crescer no seu amor, como a santa amada sua. Amém.

De Madri, 6 de julho de 1591.

FREI JOÃO DA †

(Ct 46)

[A DONA ANA DEL MERCADO
Y PEÑALOSA]
[La Peñuela, 19 de agosto de 1591]

Embora tenha escrito via Baeza, dando notícias da minha viagem, fiquei contente com a passagem desses dois criados do Sr. dom Francisco, para escrever estas linhas que irão com mais segurança.

Dizia-lhe, ali, como desejaria ficar neste deserto de La Peñuela, a seis léguas aquém de Baeza, aonde cheguei, haverá nove dias. Acho-me muito bem, glória ao Senhor, e estou bom; porque a amplidão do deserto ajuda bastante a alma e o corpo, ainda que a alma esteja muito pobre. Deve o Senhor querer que também a alma tenha o seu deserto espiritual; seja muito embora e como ele for melhor servido. Sua Majestade já sabe o que valemos por nós mesmos. Não sei quanto isto durará, porque o padre frei Antônio de Jesus escreve-me de Baeza e me faz ameaças, dizendo que pouco tempo me deixarão aqui. Todavia, seja lá como for, acho-me muito bem, sem nada saber, e o exercício do deserto é admirável.

Hoje cedo, já colhemos o grão-de-bico e o mesmo faremos todas essas manhãs. Depois devemos debulhá-los. É lindo manusear estas criaturas mudas; é melhor do que ser manuseado pelas vivas. Que Deus permita que assim continue. Peça-lho, minha filha. Mas, apesar de me sentir tão satisfeito, não deixarei de ir quando ele quiser.

Tenha cuidado da alma e não ande confessando escrúpulos, nem primeiros movimentos, nem pensamentos que ocorrem involuntariamente, sem que a alma queira deter-se neles; olhe pela saúde corporal e não falte à oração quando houver possibilidade.

Já disse na outra carta (ainda que esta chegue mais depressa) que me pode escrever via Baeza, porque há correio, encaminhando as cartas aos padres descalços de lá, pois já os deixei prevenidos para que mas remetam.

Dê minhas recomendações ao Sr. Doutor Luís e a minha filha, dona Inês. Deus lhe dê seu Espírito, como desejo. Amém.

De La Peñuela, 19 de agosto de 1591.

FREI JOÃO DA †
(Ct 53)

[A DONA ANA DEL MERCADO
Y PEÑALOSA]
[La Peñuela, 21 de setembro de 1591]

Jesus esteja em sua alma, minha filha em Cristo.

Recebi, aqui em La Peñuela, o pacote de cartas trazido pelo criado. Agradeço-lhe muito a atenção. Amanhã irei a Úbeda tratar-me de umas febrículas, pois, como há mais de oito dias me acometem e não me deixam, parece-me ter necessidade do auxílio da medicina; contudo, tenho a intenção de regressar em breve para cá, pois é certo que nesta solidão acho-me muito bem. Quanto ao que me diz, isto é, que evite a companhia do padre Antônio, pode estar segura de que o farei, assim como em tudo o mais em que me pedir cuidado, guardar-me-ei na medida do possível.

Alegrei-me muito em saber que o Sr. dom Luís já é sacerdote do Senhor. Que o seja por muitos anos e que Sua Majestade realize os desejos de sua alma. Oh! Que bom estado esse para deixar, de uma vez, os cuidados e enriquecer depressa a alma com ele! Apresente-lhe as minhas congratulações; não me atrevo a pedir-lhe que, algum dia, durante o santo sacrifício, se recorde de mim; eu, como devedor, sempre o hei de fazer, e, embora eu seja tão esquecido, não poderei deixar de me lembrar dele, por ser tão unido a sua irmã, a quem trago sempre na memória.

À minha filha, dona Inês, de minha parte, muitas recomendações no Senhor e roguem ambas a ele que se digne dispor-me para levar-me consigo.

Por agora não me recordo de mais nada e também, em atenção à febre, aqui termino, ainda que desejasse estender-me mais.

De La Peñuela, 21 de setembro de 1591.

FREI JOÃO DA †

Não me diz nada sobre o pleito, se prossegue ou se está.

(Ct 60)

[A UMA CARMELITA DESCALÇA
DE SEGÓVIA]
[Úbeda, outubro / novembro de 1591]
(*fragmento*)

... Ame muito os que a contradizem e não lhe têm amor, porque assim se engendra amor no coração desprovido dele; é o que Deus faz conosco: ele nos ama para que o amemos, mediante o amor que tem por nós.

(Ct 61)

4. TEXTOS ESPIRITUAIS

Sob o abrangente título de "textos espirituais", agrupamos temáticas bastante variadas dos escritos de nosso santo. A fim de conceder-lhes certa ordem, subdividimos os trechos aqui apresentados em três categorias:

A) Textos simbólicos

Tendo sua origem nas poesias, os tratados de são João da Cruz apresentam diversos trechos que são a explicação e a descrição do conteúdo inerente ao símbolo lingüístico usado nos versos. Via de regra tomados de uma imagem do mundo sensível, tais símbolos, devido à afinidade objetiva e à repercussão subjetiva, colocam o leitor em contato com o mundo espiritual e abrem o caminho para o discurso e argumentação próprios da teologia mística. Exemplo típico é o primeiro texto que apresentamos. Trata-se do símbolo da *"noite"* (1S 2,1-5).

De fato, a noite, embora não possua nada de corpóreo, é um fenômeno físico inegável e de fácil constatação. Seu surgimento não depende da ação do homem, mas de leis naturais irreversíveis. É caracterizada por um processo de desenvolvimento que se inicia com a obscuridade, atinge seu auge nas trevas e declina à medida que o novo dia se aproxima. O aspecto da escuridão — parte essencial da sua semântica —, envolvendo o ambiente externo, torna todas as coisas informes, indistintas e invisíveis, mesmo se tudo continua a existir tal qual é. Isto não só provoca a sensação de medo e insegurança no homem, como ainda lhe bloqueia o uso dos sentidos e os movimentos. Recorrendo, assim, à riqueza de nuanças contida na noite natural e projetando-a ao mundo espiritual, são João da Cruz cria o símbolo da "noite" para exprimir a obscuridade que a fé produz na alma, tanto em nível psicológico como espiritual.

O mesmo recurso pode ser evidenciado nos quatro textos que seguem o da "Noite".

O trecho de 2 N 21,3-11 desenvolve o símbolo do *"disfarce"* com o qual a alma deve revestir-se, isto é, a prática das virtudes teologais, para chegar à união com Deus. Ch 2,16, referindo-se ao Pai misericordioso e onipotente, fala da *"branda mão"*, que tem a virtude de dar e a potência de agir. Para explicar a ação do Espírito Santo na alma, são João da Cruz faz uso de duas imagens bíblicas, imprimindo-lhes, porém, sua faceta de originalidade pessoal: o *"vento"* (C 17,3-4) e o fogo consumidor, simbolizado no *"cautério suave"* (Ch 2,2).

B) Textos doutrinais

As verdades concernentes ao mistério da *Inabitação de Deus na alma* são apresentadas como ponto de partida e força motora do itinerário rumo à união (C 1,7-10). O contexto de onde são extraídos estes parágrafos nos diz que o desejo da alma é unir-se com o Filho de Deus, seu Esposo, de modo perfeito, já sem mais segredos, na plena manifestação de sua essência. Em outros termos, unida ao Filho, almeja adentrar o circuito trinitário e amar as Pessoas Divinas tal qual se sabe amada. Isto, no entanto, só será possível na glória. Enquanto espera, busca a realização deste anseio, entrando, através do recolhimento habitual, para onde o Verbo fez sua morada, com o Pai e o Espírito Santo: para dentro de si mesma.

O argumento do texto seguinte, C 5,1-4, focaliza o orante num grande empenho ascético. À medida que vai se purificando, ele adquire também uma nova maneira de ver e valorizar, menos fundada na aparência e mais radicada na verdade de Deus. Percebe em cada um dos seres criados o *Rastro de Deus*, a marca de seu Criador. Descobre nisto o autêntico motivo da exaltação da criação. É, porém, sobretudo nas criaturas que o Pai revestiu com a imagem do Filho, dando-lhes o ser sobrenatural, que este vestígio comunica-se-lhe de modo mais rico e intenso. Reconhece, assim, a razão da dignidade do homem.

Outra maneira de se conhecer a Deus é abordada em Ch 3,5-6. O texto refere-se a um estágio da vida interior já bastante intensa. Deus se dá ao homem não tanto através da mediação das criaturas, mas mediante a experiência mística. Expliquemo-nos: Deus se faz sentir pelo orante tal como é, oferece-lhe um pouco de sua própria essência. Nestes parágrafos, de linguagem fluente e simples, o santo nos transmite um rico e elevado aspecto da teologia espiritual. As *lâmpadas de divina luz* são o próprio Deus manifestando suas riquezas à criatura amada.

Falando sobre a purificação da vontade, mais precisamente sobre o apego ao gozo provocado pelos bens espirituais, enérgica advertência é feita àqueles que "oram mais pelas suas pretensões pessoais do que para honrar a Deus" (3 S 44,1). O trecho destacado (3 S 44,1-3) poderia ser definido como o código normativo da oração: indica sua única razão de ser — Deus — e dá as diretrizes para que nosso relacionamento com o Ser Divino seja o mais digno possível, propondo-nos, desta forma, como há de ser a *Oração agradável a Deus*.

Segue-se um extrato do grande bloco constituído pelos capítulos 5 a 8 do segundo livro da *Noite escura*, em que são tratadas as dimensões dolorosas da noite passiva do espírito. Depois de ter descrito o estado de extrema impotência da alma para aproximar-se de Deus, nosso santo, em 2 N 8,2-5, fazendo eco à tradição mística e usando de uma analogia com as leis da propagação da luz, passa a explicar o porquê de as primeiras experiências contemplativas se caracterizarem por esta obscuridade tão doída ao orante. É *Luz que obscurece*, pois se trata de uma infusão tão intensa do Ser Divino que nos cega as potências espirituais. O texto, bastante objetivo e lógico, flui com a característica simplicidade sanjuanista, delineando-nos o perfil deste período da vida espiritual.

C) Textos cristológicos

O primeiro deles, já parcialmente citado no livro [11], é 2 S 7,1-12. Fala-nos da alma que passa pela purificação das potências espirituais. Entendimento, memória e vontade, com todas as implicações existenciais que definem e individualizam o ser e a pessoa, devem adquirir a necessária pureza para acolher a Deus e unir-se a ele. A ação divina, incidindo sobre aspectos e hábitos tão essenciais ao homem e nele entranhados, gera a sensação de dor, de morte, de aniquilamento. Fortes e contínuos atos de fé, esperança e caridade são exigidos da alma.

Para este preciso momento, são João da Cruz aponta Cristo crucificado como modelo. Morto a tudo quanto era sensível, aniquilado na alma, sofrendo o abandono do Pai e exaurindo a vida na cruz, Cristo vive o Mistério Pas-

---

11. Cf. p. 50.

cal, readquirindo-nos para Deus (cf. 2 S 7,10-11). Assimilar, vivenciando de modo intenso e pessoal, o mistério do *Aniquilamento de Cristo* é a única maneira que a alma tem para progredir espiritualmente. Apenas a penetração do poder salvífico da cruz na vida do homem espiritual o conduz e o une a Deus.

Note-se, nas freqüentes expressões pascais dos parágrafos citados, a ansiedade de nosso santo por transmitir sua convicção nesta verdade: porta apertada e caminho estreito; perder a vida para salvá-la; seguimento de Cristo e renúncia a si mesmo; tomar do mesmo cálice que o Senhor; Cristo é caminho, verdade e vida etc. Toda a vivência espiritual é resumida, peremptoriamente, na atualização pessoal do mistério pascal. "Trata-se de uma só coisa necessária: saber negar-se deveras no interior e exterior, abraçando por Cristo o padecer e o mais completo aniquilamento" (2 S 7,8).

Desse trecho ainda sobressai o ponto sobre a eficácia operativa/apostólica das noites. Viver as purificações na prática das virtudes teologais reverte em bem não só à alma, mas a toda a Igreja (cf. 2S 7,11).

O segundo texto cristológico (2 S 22,5-6) intitula-se *"Põe os olhos só em Cristo"* e insere-se no quadro da purificação do entendimento mediante a fé. Respondendo por que a alma não deve buscar manifestações carismáticas extraordinárias, são João da Cruz não só insiste na pureza da fé como substrato e garantia da autêntica experiência contemplativa, como também nos apresenta Cristo na sua realidade de dom do Pai aos homens. "... se olhares o meu Filho, acharás nele a plenitude, pois ele é toda a minha palavra e resposta, toda a minha visão e toda a minha revelação" (2 S 22,5). Em outras palavras, a pureza da fé, requisito indispensável para a união, depende da adesão à palavra de Deus. Esta nos foi revelada pelo Pai em Cristo.

Conhecido e divulgado como *"Oração da alma enamorada"*, o texto que encerra esta última seção dos escritos de são João da Cruz faz parte dos *Ditos de luz e amor*. Exceção entre as sintéticas frases oferecidas às monjas, essa composição, além de ser mais longa, apresenta-se em forma oracional pessoal, diferenciando-se do estilo próprio dos conselhos de direção espiritual. Nessas linhas, permeadas de terno afeto para com Deus, fica descrita a nova condição ontológica do homem que, tendo encontrado Cristo, recebe a graça da Redenção, e, com ela, no mesmo Cristo, tudo possui.

Textos Simbólicos

4.1. O símbolo da "noite"

A purificação que leva a alma à união com Deus pode receber a denominação de noite por três razões. A primeira, quanto ao ponto de partida, pois, renunciando a tudo o que possuía, a alma priva-se do apetite de todas as coisas do mundo, pela negação delas. Ora, isto, sem dúvida, constitui uma noite para todos os sentidos e todos os apetites do homem. A segunda razão, quanto à via a tomar para atingir o estado da união. Esta via é a fé, noite verdadeiramente escura para o entendimento. Enfim, a terceira razão se refere ao termo ao qual a alma se destina — termo que é Deus, ser incompreensível e infinitamente acima das nossas faculdades — e que, por isso mesmo, pode ser denominado uma noite escura para a alma nesta vida. Estas três noites hão de passar pela alma, ou melhor, por estas três noites há de passar a alma a fim de chegar à divina união.

No *Livro de Tobias*, são elas figuradas pelas três noites que, em obediência ao Anjo, o jovem Tobias deixou passar antes de se unir à esposa. O anjo Rafael ordenou-lhe que queimasse, durante a primeira noite, o coração do peixe, símbolo de um coração afeiçoado e preso às coisas criadas. A fim de começar a elevar-se a Deus, deve-se, desde o início, purificar o coração no fogo do amor divino e aí deixar consumir-se tudo o que é criatura. Esta purificação põe em fuga o demônio, que tem poder sobre a alma apegada às coisas temporais e corporais.

Na segunda noite, o Anjo disse a Tobias que seria admitido na companhia dos santos patriarcas, que são os pais da fé. A alma, do mesmo modo, após passar a primeira noite, figurada pela privação de todos os objetos sensíveis, logo penetra na segunda noite. Aí repousa na solidão da fé que exclui, não a caridade, mas todas as notícias do entendimento; pois, como adiante diremos, a fé não cai sob os sentidos.

Afinal, durante a terceira noite, foi prometida a Tobias a bênção. Esta bênção é o próprio Deus, que, pela segunda noite — a da fé —, se comunica à alma de forma tão secreta e íntima, que se torna uma outra noite para ela. E, como veremos depois, esta última comunicação se realiza numa obscuridade mais profunda que a das outras duas noites. Passada esta terceira noite — que é quando se acaba de fazer a comunicação de Deus ao espírito, ordinariamente em grande treva para a alma —, logo se segue a união com a esposa, que é a Sabedoria de Deus. O Anjo disse a Tobias que, após a terceira noite, se unisse com a esposa no temor do Senhor, para significar que, quando o temor é perfeito, o amor divino também o é, e a transformação da alma em Deus por amor logo se opera.

Para compreensão, vamos explicar com clareza cada uma dessas noites; observamos, porém, que as três são uma só noite dividida em três partes. A primeira noite — a dos sentidos — pode ser comparada ao crepúsculo: momento em que já não se distinguem os objetos entre si. A segunda noite — a de fé — assemelha-se à meia-noite, quando a obscuridade é total. A terceira, finalmente, comparada ao fim da noite, e que dissemos ser o próprio Deus, precede imediatamente a luz do dia.

(1 S 2,1-5).

4.2. O disfarce da alma

A alma, pois, tocada aqui pelo amor do Esposo Cristo, pretendendo cair-lhe em graça e conquistar-lhe a vontade, sai agora com aquele disfarce que mais ao vivo exprime as afeições de seu espírito, e com o qual vai mais a coberto dos adversários e inimigos, a saber, mundo, demônio e carne. Assim, a libré que veste compõe-se de três cores principais: branca, verde e vermelha. Nestas cores são significadas as três virtudes teologais, fé, esperança e caridade, com as quais não só ganhará a graça e a vontade de seu Amado, mas irá, além disso, muito amparada e segura quanto aos seus três inimigos. A fé é uma túnica interior de tão excelsa brancura que ofusca a vista de todo entendimento. Quando a alma caminha vestida de fé, o demônio não a vê, nem atina a prejudicá-la, porque com a fé, muito mais do que com todas as outras virtudes, vai bem amparada, contra o demônio, que é o mais forte e astuto inimigo.

Por isto, são Paulo não achou outro melhor escudo para livrar-se dele, ao dizer: "Ao qual resisti permanecendo firme na fé". Para conseguir a graça e união do Amado, a alma não pode vestir melhor túnica e camisa como fundamento e princípio das demais vestes de virtude do que esta brancura da fé, pois "sem ela", conforme diz o Apóstolo, "impossível é agradar a Deus"[12]. Com a fé, porém, não pode

---

12. Cf. Hb 11,6.

deixar de agradar, segundo testifica o próprio Deus pela boca de um profeta: "Desposar-te-ei na fé". É como se dissesse: Se queres, ó alma, unir-te e desposar-te comigo, hás de vir interiormente vestida de fé.

Esta brancura da fé revestia a alma na saída desta noite escura, quando caminhava em meio às trevas e angústias interiores, como já dissemos. Não havia em seu entendimento luz alguma que a consolasse: nem do céu — pois este parecia estar fechado para ela, e Deus escondido — nem da terra — pois os que a orientavam não a satisfaziam. A alma, no entanto, sofreu tudo com perseverança e constância, passando aqueles trabalhos sem desfalecer e sem faltar ao Amado. É ele que, por meio dos sofrimentos e tribulações, prova a fé de sua Esposa, a fim de que ela possa depois apropriar-se daquele dito de Davi: "Por amor às palavras de teus lábios, guardei caminhos penosos".

Logo acima desta túnica branca da fé, sobrepõe a alma uma segunda veste que é uma almilha verde.[13] Por esta cor é significada a virtude da esperança, como já dissemos acima. Por meio dela, em primeiro lugar a alma se liberta e defende do segundo inimigo, que é o mundo. Na verdade, este verdor de esperança viva em Deus confere à alma tanta vivacidade e ânimo, e tanta elevação às coisas da

---

13. *Almilha:* peça de vestuário justa ao corpo e com mangas (dicionário de F. J. Caldas Aulete).

vida eterna, que toda coisa da terra, em comparação a tudo quanto espera alcançar no céu, lhe parece murcha, seca e morta, como na verdade é, e de nenhum valor. Aqui se despe e despoja, então, a alma de todas essas vestes e trajes do mundo, tirando o seu coração de todas elas, sem prendê-lo a nada. Não mais espera coisa alguma que exista ou haja de existir neste mundo, pois vive vestida unicamente de esperança da vida eterna. Assim, a tal ponto se lhe eleva o coração acima deste mundo, que não somente lhe é impossível apegar-se ou apoiar-se nele, mas nem mesmo pode olhá-lo de longe.

A alma vai, portanto, com esta verde libré e disfarce, muito segura contra seu segundo inimigo, que é o mundo. À esperança chama são Paulo "elmo de salvação". Este capacete é armadura que protege toda a cabeça, cobrindo-a de modo a ficar descoberta apenas uma viseira, por onde se pode olhar. Eis a propriedade da esperança: cobrir todos os sentidos da cabeça da alma, para que não se engolfem em coisa alguma deste mundo, e não haja lugar por onde os possa ferir alguma seta deste século. Só deixa à alma uma viseira, a fim de poder levantar os olhos para cima, e nada mais. Tal é, ordinariamente, o ofício da esperança dentro da alma — levantar os seus olhos para olhar somente a Deus, como diz Davi: "Meus olhos estão sempre voltados para o Senhor". Não esperava bem algum de outra parte, conforme ele mesmo diz em outro salmo: "Assim como os olhos da escrava estão postos nas mãos da sua senhora, assim os nossos estão fixados sobre o Senhor, nosso Deus, até que tenha misericórdia de nós".

Assim, quando a alma se reveste da verde libré da esperança — sempre olhando para Deus, sem ver outra coisa nem querer outra paga para o seu amor a não ser unicamente ele —, o Amado de tal forma nela se compraz que, na verdade, pode-se dizer que a alma dele alcança tanto quanto espera. Assim se exprime o Esposo nos Cantares, dizendo à Esposa: "Chagaste meu coração com um só de teus olhos". Sem essa libré verde de pura esperança em Deus, não convinha a alma sair a pretender o amor divino; nada teria então alcançado, pois o que move e vence a Deus é a esperança porfiada.

Com a libré da esperança, a alma caminha disfarçada, por esta secreta e escura noite de que já falamos; vai agora tão vazia de toda posse e apoio, que não põe os olhos, nem a solicitude, em outra coisa a não ser Deus; mantém mesmo "a sua boca no pó se, porventura, aí houver esperança", conforme diz Jereminas no trecho já citado.

Em cima do branco e verde, para remate e perfeição do disfarce, traz a alma agora a terceira cor, que é uma primorosa toga vermelha, significando a terceira virtude, a caridade. Esta não somente realça as outras duas cores, mas eleva a alma a tão grande altura que a põe junto de Deus, formosa e agradável, a ponto de ela mesma atrever-se a dizer: "Embora seja morena, ó filhas de Jerusalém, sou formosa; e por isto me amou o Rei, e me pôs em seu leito".[14] Com esta libré da caridade, que é já a libré do amor, e faz crescer o amor do Amado, a alma fica amparada e escondida do terceiro inimigo, a carne; pois, onde existe verdadeiro amor de Deus, não entra amor de si nem de seus interesses. E mais ainda: a caridade dá valor às outras virtudes, fortalecendo-as e avigorando-as para proteger a alma; dá também graça e gentileza, para com elas agradar ao Amado, pois sem a caridade nenhuma virtude é agradável a Deus. É esta a púrpura de que fala o livro dos Cantares, sobre a qual Deus se recosta. Com esta libré vermelha, vai a alma vestida, quando, na noite escura — como acima dissemos na explicação da canção primeira —, sai de si mesma e de todas as coisas criadas, "de amor em vivas ânsias inflamada", subindo esta secreta escada de contemplação, até a perfeita união do amor de Deus, sua salvação tão desejada.

Tal é o disfarce usado pela alma na noite da fé, subindo pela escada secreta, e tais são as três cores de sua libré. São elas convenientíssima disposição para se unir com Deus segundo suas três potências, entendimento, me-

---
14. Citação aproximada. Trata-se da conglutinação de Ct 1,4 e Ct 1,3.

mória e vontade. A fé esvazia e obscurece o entendimento de todos os seus conhecimentos naturais, dispondo-o assim à união com a sabedoria divina; a esperança esvazia e afasta a memória de toda posse de criatura, porque, como são Paulo diz, "a esperança tende ao que não se possui", e por isto aparta a memória de tudo quanto pode possuir, a fim de a colocar no que espera. Deste modo, a esperança em Deus só dispõe puramente a memória para a união divina. E, enfim, a caridade, de maneira semelhante, esvazia e aniquila as afeições e apetites da vontade em qualquer coisa que não seja Deus, e os põe só nele. Assim, também, esta virtude dispõe essa potência, e a une com Deus por amor. Como, pois, estas virtudes têm ofício de apartar a alma de tudo o que é menos do que Deus, conseqüentemente têm o de uni-la com Deus.

(2 N 21,3-11)

4.3. A branda mão de Deus

Esta mão, como vimos, simboliza o Pai onipotente e misericordioso. Dela devemos saber que, sendo tão generosa e liberal quanto é poderosa e rica, concederá preciosas e magníficas dádivas quando se abrir para fazer mercês à alma. Eis por que esta lhe dá o nome de mão branda. Como se dissesse: Oh! mão tanto mais branda para mim, por me tocares brandamente; pois, se tocasses um pouco mais pesadamente, seria bastante para aniquilares todo o universo! Porque só com o teu olhar a terra estremece, os povos desfalecem e os montes se desfazem. Oh! mão tão branda, direi ainda, se foste dura e vigorosa para Jó, tocando-o de modo um tanto rude, agora és para mim tanto mais amigável e graciosa, tocando-me com brandura, afeto e graça, quanto mais pesada foste para ele. Na verdade, tu fazes morrer e fazes viver, e não há quem possa fugir de ti! Tu, porém, oh! divina vida! nunca matas a não ser para dar vida, assim como nunca chagas a não ser para sarar. Quando castigas, basta que toques de leve, para logo ser consumido o mundo; mas, quando regalas, muito determinadamente te pousas sobre a alma, e não se podem contar as delícias de tua suavidade. Chagaste-me para curar-me, oh! divina mão! e mataste em mim aquilo que me mantinha morta sem a vida de Deus na qual me vejo agora viver. Isto fizeste com a liberalidade de tua generosa graça de que usaste para comigo, quando me tocaste com esse toque do resplendor de tua glória e figura de tua substância, que é teu unigênito Filho; nele, que é tua Sabedoria, tocas fortemente atingindo de um fim até outro fim. E este teu unigênito Filho, oh! mão misericordiosa do Pai, é o toque delicado com que me tocaste e me chagaste na força de teu cautério.

(Ch 2,16)

4.4. O vento que é o Espírito Santo

Detém-te, aquilão morto!

O aquilão é um vento muito frio que seca e emurchece as flores e plantas, ou, pelo menos, faz com que se encolham e fechem quando sobre elas sopra. O mesmo efeito produz na alma a secura espiritual, junto com a ausência afetiva do Amado, quando ela a experimenta; extingue a força, sabor e fragrância das virtudes de que gozava. Por isso, dá-lhe o nome de aquilão morto; pois mantém amortecido o exercício afetivo das virtudes na alma; em conseqüência, diz: Detém-te, aquilão morto! Esta exclamação deve ser compreendida como efeito e obra de oração, e de exercícios espirituais, em que a alma se emprega, a fim de deter a secura. Neste estado, porém, as graças comunicadas por Deus à alma são tão interiores que ela não pode, por si mesma, exercitar-se nas coisas divinas, ou gozá-las, se o Espírito do Esposo não a move com seu amor. E assim ela se apressa em invocá-lo, dizendo:

Vem, austro que desperta os amores

O austro é outro vento, vulgarmente chamado sudoeste, muito aprazível, que traz chuvas e faz germinar as ervas e plantas; favorece o desabrochar das flores que exalam seus perfumes. Os efeitos desse vento são contrários aos do aquilão. A alma, portanto, compara o austro ao Espírito Santo, dizendo que desperta os amores. De fato, quando esse sopro divino investe sobre a alma, de tal modo a inflama e regala, avivando e despertando a vontade, e ao mesmo tempo movendo os apetites, dantes adormecidos e aniquilados, ao amor de Deus, que bem se pode dizer que recorda os amores do mesmo Deus e da alma.

(C 17,3-4)

4.5. O cautério suave

Este cautério, conforme dissemos, aqui significa o Espírito Santo, pois, como declara Moisés no Deuteronômio, "nosso Deus é fogo consumidor", isto é, fogo de amor, o qual, sendo infinitamente forte, pode, de modo inefável, consumir e transformar em si a alma quando a toca. A cada uma, todavia, abrasa e absorve segundo a disposição que nela encontra; a esta, mais, e àquela, menos; e age quando quer, como quer e onde quer. Por ser ele fogo de amor infinito, quando lhe apraz tocar a alma com alguma veemência, abrasa-a em tão subido grau de amor que a alma se sente estar ardendo sobre todos os ardores do mundo. Eis o motivo de dar ao Espírito Santo, nesta união, o nome de cautério. Com efeito, assim como no cautério está o fogo mais intenso e veemente, produzindo maior efeito do que todos os demais corpos inflamados, assim o ato desta união, sendo de mais inflamado fogo de amor do que todos os outros, é chamado aqui cautério, em comparação a eles. E como este divino fogo transforma então a alma em si mesmo, ela não apenas sente o cautério, mas toda se torna um cautério de fogo veemente.

(Ch 2,2)

Textos Doutrinais

4.6. Inabitação de Deus na alma

Eia, pois, ó alma formosíssima entre todas as criaturas, que tanto desejas saber o lugar onde está teu Amado, a fim de o buscares e a ele te unires! Já te foi dito que és tu mesma o aposento onde ele mora, o retiro e esconderijo em que se oculta. Nisto tens motivo de grande contentamento e alegria, vendo como todo o teu bem e esperança se acham tão perto de ti, a ponto de estar dentro de ti; ou, por melhor dizer, não podes estar sem ele. Vede, diz o Esposo, que o reino de Deus está dentro de vós. E o seu servo, o apóstolo são Paulo, o confirma: "Vós sois o templo de Deus".

Grande consolação traz à alma o entender que jamais lhe falta Deus, mesmo quando se achasse ela em pecado mortal; quanto mais estará presente naquela que se acha em estado de graça! Que mais queres, ó alma, e que mais buscas fora de ti, se tens dentro de ti tuas riquezas, teus deleites, tua satisfação, tua fartura e teu reino, que é teu Amado a quem procuras e desejas? Goza-te e alegra-te em teu interior recolhimento com ele, pois o tens tão próximo. Aí o deseja, aí o adora, e não vás buscá-lo fora de ti, porque te distrairás e cansarás; não o acharás nem gozarás com maior segurança nem mais depressa, nem mais de perto, do que dentro de ti. Há somente uma coisa: embora esteja dentro de ti, está escondido. Mas já é grande coisa saber o lugar onde ele se esconde, para o buscar ali com certeza. É isto o que pedes também aqui, ó alma, quando, com afeto de amor, exclamas: Onde é que te escondeste?

No entanto, dizes: Se está em mim aquele a quem minha alma ama, como não o acho nem o sinto? A causa é estar ele escondido, e não te esconderes também para achá-lo e senti-lo. Quando alguém quer achar um objeto escondido, há de penetrar ocultamente até o fundo do esconderijo onde ele está; e, quando o encontra, fica também escondido com o objeto oculto. Teu amado Esposo é esse tesouro escondido no campo de tua alma, pelo qual o sábio comerciante deu todas as suas riquezas; convém, pois, para o achares, que, esquecendo todas as tuas coisas e alheando-te a todas as criaturas, te escondas em teu aposento interior do espírito; e, fechando a porta sobre ti (isto é, tua vontade a todas as coisas), ores a teu Pai no segredo. E assim, permanecendo escondida com o Amado, então o perceberás às escondidas, e te deleitarás com ele às ocultas, isto é, acima de tudo o que pode alcançar a língua e o sentido.

Eia, pois, alma formosa, já sabes agora que em teu seio mora escondido o Amado de teus desejos: procura, portanto, ficar com ele bem escondida, e no teu seio o abraçarás e sentirás com afeto de amor. Olha que a esse esconderijo te chama o Esposo por Isaías dizendo: "Anda, entra em teus aposentos, fecha tuas portas sobre ti", isto é, todas as tuas potências a todas as criaturas, "esconde-te um pouco até um momento", quer dizer, por este momento da vida temporal. Decerto, se nesta vida tão breve guardares, ó alma, com todo o cuidado teu coração, como diz o Sábio, sem dúvida alguma, dar-te-á Deus o que promete ele mesmo por Isaías nestes termos: "Dar-te-ei os tesouros escondidos e descobrir-te-ei a substância e os mistérios dos segredos". Esta substância dos segredos é o mesmo Deus, pois é ele a substância da fé e o seu conceito, sendo a mesma fé o segredo e o mistério. Quando nos for manifestado aquilo que Deus nos tem encoberto e escondido sob a fé, a qual, segundo diz são Paulo, encerra o que há de perfeito em Deus, então se manifestará à alma a substância e os mistérios dos segredos. Nesta vida mortal, jamais penetrará tão profundamente neles como na eternidade, por mais que se esconda; todavia, se procurar, como Moisés, esconder-se na caverna de pedra — que é a verdadeira imitação da perfeição da vida do Filho de Deus, Esposo da alma —, com o amparo da destra do Senhor, merecerá que lhe sejam mostradas as costas de Deus, isto é, chegará nesta vida a tanta perfeição, a ponto de unir-se e transformar-se por amor no Filho de Deus, seu Esposo. E, assim, há de sentir-se tão unida a ele e tão instruída e sábia em seus mistérios que, em relação ao conhecimento de Deus nesta vida, não lhe será mais necessário dizer: onde é que te escondeste?

(C 1,7-10)

4.7. Rastros de Deus

Deus criou todas as coisas com grande facilidade e rapidez, deixando nelas um rastro de quem ele é. Não somente lhes tirou o ser do nada, mas dotou-as de inúmeras graças e virtudes, aformoseando-as com admirável ordem e indefectível dependência entre si. Tudo isto fez por meio da sua Sabedoria, com a qual as criou, e esta é o Verbo, seu Unigênito Filho. São estas as palavras da canção:

Mil graças derramando

Por estas mil graças que, conforme diz o verso, ia derramando o Criador, são compreendidas as inumeráveis multidões de criaturas. Para isto significar, põe aqui o número máximo, de mil, a fim de dar a entender a grande cópia dessas criaturas, que são chamadas graças pelos muitos encantos de que Deus as dotou. E enquanto as ia derramando, isto é, com elas povoando toda a terra,

Passou por estes soutos com presteza

Passar pelos soutos é criar os elementos, designados aqui por esta palavra. Passando pelos soutos, derramava mil graças, porque os adornava de muitas criaturas, cheias de encantos. Além do mais, sobre as mesmas criaturas derramava as mil graças, dando-lhes virtude para concorrerem com a geração e conservação de todas elas. Diz ainda que passou: as criaturas são, na verdade, como um rastro da passagem de Deus, em que se vislumbram sua magnificência, poder, sabedoria, e outras virtudes divinas. Esta passagem foi com presteza: as criaturas são as obras menores de Deus, e ele as fez como de passagem, pois as maiores, em que mais se revelou, e dignas de sua maior atenção consistem nas da encarnação do Verbo e mistérios da fé cristã. Em comparação destas, todas as outras foram feitas como de passagem, e com presteza.

*E, enquanto os ia olhando,
Só com sua figura
A todos revestiu de formosura*

Segundo a palavra de são Paulo, o Filho de Deus é o resplendor de sua glória e figura de sua substância. Convém, portanto, saber que, só com esta figura de seu Filho, olhou Deus todas as coisas, isto é, deu-lhes o ser natural, comunicando-lhes muitas graças e dons de natureza, de modo a torná-las acabadas e perfeitas. Assim o dizem estes termos do Gênesis: "Olhou Deus, todas as coisas que havia feito, e eram muito boas". Para Deus achar as coisas muito boas significa o mesmo que as criar muito boas no Verbo, seu Filho. Não bastou comunicar-lhes o ser, e as graças naturais, com o seu olhar, como dissemos; mas, tãosomente com essa figura de seu Filho, deixou-as revestidas de formosura, comunicando-lhes o ser sobrenatural. E isto se realizou quando Deus se encarnou, exaltando o homem na formosura divina, e, conseqüentemente, elevando nele todas as criaturas, pelo fato de se haver unido o próprio Deus com a natureza de todas elas no homem. Assim disse o mesmo Filho de Deus: "Se eu for exaltado da terra, atrairei a mim todas as coisas". Nesta exaltação da encarnação de seu Filho, e da glória de sua ressurreição segundo a carne, aformoseou o Pai as criaturas não só parcialmente, mas, podemos dizer, deixou-as totalmente vestidas de formosura e dignidade.

(C 5,1-4)

4.8. Lâmpadas de divina luz

Daqui se pode observar que o deleite recebido pela alma em arroubamento de amor, e comunicado pelo fogo que se irradia dessas lâmpadas, é admirável e imenso; porque é tão abundante como de muitas lâmpadas juntas, em que cada uma abrasa a alma em amor; e se vão unindo o calor de uma ao da outra, bem como a chama de uma à da outra, e a luz de uma à da outra, pois qualquer um dos atributos divinos revela os outros. Assim, todas as lâmpadas juntas tornam-se uma só luz e um só fogo, e cada uma delas é, por sua vez, luz e fogo, sendo então a alma imensamente absorvida em delicadas chamas, e sutilmente chagada de amor em cada uma delas, e ainda mais chagada em todas juntas, toda viva em amor de vida de Deus; vê muito claramente que aquele amor é de vida eterna, na qual está o conjunto de todos os bens. E pela experiência que, de certo modo, aqui lhe é dada, conhece bem a alma a verdade daquela expressão do Esposo nos Cantares quando disse que as lâmpadas do amor eram lâmpadas de fogo e chamas[15]. "Oh! quão formosa és em teus passos e calçados, filha do príncipe!" Quem poderá descrever a magnificência e estranheza de teu deleite e majestade, no admirável resplendor e amor de tuas lâmpadas?

---

15. Cf. Ct 8,6. Não se trata de citação literal.

A Sagrada Escritura refere como uma destas lâmpadas passou outrora diante de Abraão, causando nele grandíssimo horror tenebroso, porque era a lâmpada da justiça rigorosa que Deus iria exercer contra os cananeus. Se, pois, todas estas lâmpadas de conhecimento de Deus brilham diante de ti com tanto amor e benevolência, ó alma enriquecida, quanto maior luz e deleite de amor te hão de trazer, do que trouxe de horror e treva aquela que brilhou diante de Abraão? Qual não será, portanto, a grandeza, a riqueza, e a multiplicidade de teu gozo, se de todas e em todas essas lâmpadas recebes fruição e amor, e por elas comunica-se Deus às tuas potências, segundo seus divinos atributos e perfeições? De fato, quando uma pessoa ama e faz bem a outra, age segundo a sua própria condição e natureza; deste modo, teu Esposo, estando em ti como quem é, assim te faz suas mercês. Sendo onipotente, ama-te e faz bem a ti com onipotência; sendo sábio, sentes que te faz bem e ama com sabedoria; por ser infinitamente bom, sentes que te ama com bondade; sendo santo, sentes que te ama e te agrada com santidade; sendo justo, sentes que te ama e faz mercês com justiça. Por ser misericordioso, piedoso e clemente, sentes sua misericórdia, piedade e clemência; sendo ele forte, sublime, e delicado em seu divino ser, sentes que te ama com força, elevação e delicadeza. Como é simples e puro, sentes que com pureza e simplicidade te ama; como é verdadeiro, sentes que te ama com verdade. Sendo liberal, conheces que te ama e beneficia com liberalidade, sem interesse algum, só para fazer-te bem; como é a virtude da suma humildade, com suma humildade e com suma estimação te ama, chegando a igualar-te com ele, e a revelar-se a ti nestas vias do conhecimento de seu divino ser; e o faz alegremente, com a sua face cheia de graças, dizendo-te nesta união de seu amor, não sem grande júbilo teu: eu sou teu e para ti, e gosto de ser tal qual sou para ser teu e dar-me a ti.

(Ch 3,5-6)

4.9. A oração agradável a Deus

Há alguns que oram mais pelas suas pretensões pessoais do que para honrar a Deus; e, embora persuadidos de estar a realização de suas petições sempre subordinada à vontade divina, o espírito de propriedade e o gozo vão que os animam levam-nos a multiplicar as preces para obter o efeito dos pedidos. Fariam melhor dando outro fim às suas súplicas, ocupando-se em coisas mais importantes, como em purificar deveras a consciência, e ocupar-se, de fato, no negócio de sua salvação eterna. Todas as outras diligências, fora destas, devem ser relegadas a segundo plano. Obtendo de Deus o que é mais essencial, obtém-se igualmente todo o resto, desde que seja para o maior bem da alma, mais depressa e de modo muito melhor do que se fosse empregada toda a força para alcançar essas graças. Assim prometeu o Senhor dizendo pelo evangelista: "Buscai, pois, primeiramente o reino de Deus e a sua justiça, e todas estas coisas se vos acrescentarão".

Esta é aos olhos divinos a prece mais perfeita; e, para satisfazer as petições íntimas do coração, não há melhor meio do que pôr a força de nossas orações naquilo que mais agrada a Deus. Então, não somente o Senhor nos dará o que lhe pedimos, isto é, as graças necessárias à nossa salvação, mas ainda nos concederá os bens que julgar mais convenientes e melhores às nossas almas, ainda mesmo quando não lhos peçamos. Davi no-lo faz compreender em um salmo: "Perto está o Senhor de todos os que o invocam; de todos os que o invocam em verdade". Ora, os que o invocam em verdade são precisamente esses que pedem os dons mais elevados ou, em outras palavras, as graças da salvação. Referindo-se a estas, o mesmo Davi acrescenta: "Ele cumprirá a vontade dos que o temem, e atenderá à sua oração, e salvá-los-á. O Senhor guardará a todos os que o amam". Esta expressão — Perto está o Senhor — significa a sua disposição em ouvir as súplicas e satisfazer naquilo mesmo que nem pensaram em pedir. Lemos a respeito de Salomão, que, tendo solicitado uma graça muito do agrado do Senhor, isto é, a sabedoria para governar seu povo seguindo as leis da eqüidade, ouviu esta resposta: "Pois que a sabedoria agradou mais ao teu coração, e não me pediste riquezas, nem bens, nem glória, nem a morte dos teus inimigos, e nem ainda muitos dias de vida, pois me pediste sabedoria e ciência, para poderes governar o meu povo, sobre o qual eu te constituí rei, a sabedoria e a ciência te são dadas e, além disso, dar-te-ei riquezas e bens e glória, de modo que nenhum rei, nem antes de ti, nem depois de ti, te seja semelhante". Deus, fiel à sua promessa, fez com que os inimigos de Salomão lhe pagassem tributo, e todos os povos vizinhos vivessem em paz com ele. Semelhante fato lemos no Gênesis: Abraão pedira a Deus para multiplicar a posteridade de Isaac, seu legítimo filho. Essa prece foi ouvida pelo Senhor, que prometeu realizá-la, dando a Isaac uma geração tão numerosa quanto as estrelas do firmamento. E acrescentou: "E quanto ao filho da tua escrava, eu o farei também pai de um grande povo, por ser teu sangue".

Deste modo, pois, as almas devem dirigir para Deus as forças e o gozo da vontade nas suas orações, não se apoiando em invenções de cerimônias que a Igreja Católica desaprova e das quais não usa. Deixem o sacerdote celebrar a santa missa do modo e maneira conveniente, segundo a liturgia determinada pela Igreja. Não queiram usar de novidades, como se tivessem mais luz do que o Espírito Santo e a sua Igreja. Se não são atendidas por Deus numa forma simples de oração, creiam que muito menos as ouvirá o Senhor por meio de todas as suas múltiplas invenções. De tal modo é a condição de Deus, que, se o sabem levar bem e a seu modo, alcançarão dele quanto quiserem; mas, se as almas o invocam por interesse, de nada adianta falar-lhe.

Quanto às outras cerimônias de várias orações e devoções ou práticas de piedade, não se deve aplicar a vontade em modos e ritos diferentes dos ensinados por Cristo. Quando os discípulos suplicaram ao Senhor que lhes ensinasse a rezar, ele, que tão perfeitamente conhecia a vontade do Pai eterno, sem a menor dúvida lhes indicou todo o necessário para o mesmo Pai nos ouvir. Para isto, contentou-se em ensinar-lhes as sete petições do *Pater Noster*, no qual estão incluídas todas as nossas necessidades espirituais e temporais. Não acrescentou a essa instrução outras fórmulas ou cerimônias; longe disso, em outra circunstância, ensinou-lhes o seguinte: "Quando orassem, não fizessem questão de muitas palavras, porque o Pai celeste bem sabia tudo quanto convinha a seus filhos". Só lhes recomendou, com insistência, que perseverassem na oração, isto é, nessa mesma oração do *Pater Noster*. E, noutra passagem, diz: "É preciso orar sempre, e não cessar de o fazer". Mas não ensinou grande variedade de petições, senão que repetissem muitas vezes com fervor e cuidado aquelas da oração dominical, que encerram tudo o que é a vontade de Deus, e, conseqüentemente, tudo o que nos convém. Quando, no horto do Getsêmani, Nosso Senhor recorreu por três vezes ao Pai eterno, repetiu de cada vez as mesmas palavras, como referem os evangelistas: "Meu Pai, se é possível, passe de mim este cálice; todavia, não se faça nisto a minha vontade, mas sim a tua". Quanto às cerimônias que nos ensinou para a oração, são apenas de dois modos: seja no segredo de nosso aposento, onde, afastados do tumulto e de qualquer olhar humano, podemos orar com o coração mais puro e desprendido, conforme aquelas palavras do Evangelho: "Mas tu, quando orares, entra no teu aposento e, fechada a porta, ora a teu Pai ocultamente", retirando-nos a orar nos desertos solitários, como ele próprio fazia nas horas melhores e mais silenciosas da noite. Desta forma, não será preciso assinalar tempo limitado às nossas orações, nem dias marcados, preferindo uns aos outros, para nossos exercícios devotos; não haverá também razão para usar de modos singulares expressões estranhas, em nossas preces. Sigamos em tudo a orientação da Igreja, conformando-nos ao que ela usa; porque todas as orações se resumem nas mencionadas petições do *Pater Noster*.

(3 S 44,1-4)

4.10. Luz que obscurece

Se algumas vezes a alma reza,[16] é tão sem gosto e sem força, que lhe parece não a ouvir Deus nem fazer caso. O profeta dá a entender isto na mesma passagem, dizendo: "Se clamo e suplico, desdenha a minha oração". Na verdade, não é este o tempo propício de falar com Deus, e sim de "pôr a boca no pó", como diz Jeremias, esperando que "porventura lhe venha algum motivo de esperança", e sofrendo com paciência a sua purificação. É o próprio Deus que está agora fazendo sua obra passivamente na alma; por isto, ela nada pode por então. Nem ao menos rezar ou assistir atentamente aos exercícios divinos lhe é possível, nem tampouco tratar de coisas ou negócios temporais. E não é somente isto: tem muitas vezes tais alheamentos e tão profundos esquecimentos na memória, que chega a passar largo tempo sem saber o que fez nem pensou, ou o que faz, ou ainda o que vai fazer; não lhe é possível nessas ocasiões prestar atenção, embora o queira, em coisa alguma de que se ocupa.

Aqui nesta noite, não é apenas purificado o entendimento em sua luz natural, e a vontade em suas afeições, mas também a memória, em suas atividades e conhecimentos. Convém,

---

16. O contexto citado situa a alma na noite passiva do espírito.

portanto, que se aniquile a respeito de tudo isso, realizando aquilo que diz Davi, falando de si mesmo nesta purificação: "Fui aniquilado e não o soube". Este "não saber" refere-se às ignorâncias e esquecimentos da memória — alheamentos e olvidos causados pelo recolhimento interior no qual esta contemplação absorve a alma. Com efeito, para que a alma fique disposta e bem adaptada ao divino, com as potências preparadas para a união de amor com Deus, convinha primeiro ser absorvida com todas elas nesta divina e obscura luz espiritual de contemplação, e assim ficar abstraída de todas as afeições e apreensões criadas. Isto se faz, em cada caso, na medida da intensidade da contemplação. Quando, pois, esta divina luz investe a alma com maior simplicidade e pureza, tanto mais a obscurece, esvazia e aniquila em todos os seus conhecimentos e afeições particulares, seja se refiram a coisas celestes ou a coisas terrestres. E quando essa luz é menos pura e simples, a privação da alma é menor e menos obscura. Parece incrível dizer que a luz sobrenatural e divina tanto mais obscurece a alma quanto mais tem de claridade e pureza; e que menor seja a obscuridade quando a luz é menos clara e pura. Entenderemos bem esta verdade se considerarmos o que já ficou provado mais acima, com a sentença do Filósofo: as coisas sobrenaturais são tanto mais obscuras ao nosso entendimento quanto mais luminosas e manifestas em si mesmas.

A fim de dar a entender mais claramente, vamos pôr aqui uma comparação tirada da luz natural e comum. Olhemos o raio de sol entrando pela janela: quanto mais puro e limpo está de átomos e poeiras, tanto menos distintamente é visto; e, pelo contrário, quanto mais átomos e poeiras e detritos tem a atmosfera, tanto mais visível aparece aos nossos olhos. A causa é a seguinte: a luz não é vista diretamente em si mesma, mas é o meio pelo qual vemos todas as coisas que ela ilumina. E pela sua reverberação nos objetos, percebem-na nossos olhos: não fora esse reflexo, não seriam vistos os objetos, nem a luz. E assim, se o raio de sol entrasse pela janela de um aposento atravessando-o pelo meio, de lado a lado, e não encontrasse objeto algum, nem houvesse átomos de poeira no espaço, em que pudesse refletir-se, não haveria mais luz no aposento do que antes, e não se veria o raio. Ao contrário, se olhássemos com atenção, observaríamos como estaria mais escuro o lugar atravessado pela luz; porque tiraria algo da outra luz já existente no aposento, uma vez que não se vê o raio luminoso quando não há objetos visíveis sobre os quais ele se possa refletir.

Eis aí o que, sem mais nem menos, faz este divino raio de contemplação na alma. Investindo-a com sua luz divina, ultrapassa a luz natural da alma, e com isto a obscurece, privando-a de todos os conhecimentos e afeições naturais que recebia mediante a sua própria luz.

Por conseqüência, deixa-a não somente às escuras, mas também vazia em suas potências e apetites, tanto espirituais como naturais. Deixando-a assim vazia e na escuridão, purifica-a e ilumina-a com divina luz espiritual, sem que a alma possa pensar que esteja iluminada, e sim nas trevas. É, conforme dissemos, como o raio, que embora esteja no meio do aposento, se está livre e puro sem refletir-se em coisa alguma, não é visto. Quando, porém, esta luz espiritual, investindo a alma, encontra algo em que refletir-se, isto é, quando se oferece algo de perfeição ou imperfeição espiritual para ser entendido, seja mesmo um átomo pequeníssimo, ou um juízo a fazer do que é falso ou verdadeiro, logo a alma o percebe, e entende então muito mais claramente do que antes de haver sido mergulhada nestas trevas. Do mesmo modo, a luz espiritual que recebe ajuda-a a conhecer com facilidade a imperfeição que se apresenta. Assim o raio de sol, que está no aposento sem ser visto, conforme já dissemos: embora não seja visto, se passarmos a mão ou algum objeto através dele, logo se verá a mão ou o objeto, ou perceber-se-á haver ali a luz do sol.

Por ser esta luz espiritual tão simples, pura e geral, não se prendendo nem particularizando a coisa alguma especialmente inteligível — pois mantém as potências da alma vazias e aniquiladas a respeito de todos os seus conhecimentos —, com muita facilidade e generalidade leva a alma a conhecer e penetrar qualquer coisa do céu ou da terra que se apresente. Por isto disse o Apóstolo: "O espiritual todas as coisas penetra, até as profundezas de Deus". É desta sabedoria simples e geral que se entende a palavra do Espírito Santo pela boca do Sábio: "Atinge tudo, por causa de sua pureza", isto é, porque não se particulariza a algum conhecimento inteligível, ou afeição determinada. Esta é a propriedade do espírito purificado e aniquilado em todas as suas afeições e inteligências particulares: não gozando nem entendendo coisa alguma determinada, permanecendo em seu vazio, em obscuridade e trevas, está muito disposto a abraçar tudo. E assim se verifica nele a palavra de são Paulo: "Nada tendo, tudo possuímos". Porque tal bem-aventurança é devida a tal pobreza de espírito.

(2 N 8,2-5)

Textos Cristológicos

4.11. O aniquilamento de Cristo

Este assunto agora tratado da desnudez e pureza das três potências da alma exigiria saber mais profundo e espírito mais elevado que o meu, para conseguir demonstrar bem aos espirituais quão estreito é o caminho que nosso Salvador afirma conduzir à vida eterna, a fim de que, uma vez convencidos desta verdade, não se surpreendam do vazio e do despojamento em que hão de deixar todas as potências da alma nessa noite.

Observemos com cuidado as palavras que Nosso Senhor nos dirige por são Mateus: "Quão apertada é a porta e quão estreito é o caminho que conduz à vida; e poucos são os que acertam com ele". O peso e encarecimento deste termo "quão" são muito dignos de nota; é como se o Senhor quisesse dizer: em verdade, o caminho é bem estreito e muito mais do que podeis pensar. Ponderemos ainda que o Senhor primeiramente diz ser apertada, para nos mostrar que a alma desejosa de entrar por esta porta de Cristo — que é o começo do caminho — deve antes de tudo reduzir-se e despojar a vontade em todas as coisas sensíveis e temporais, amando a Deus acima de todas elas; e isto se realiza na noite do sentido, da qual já falamos.

O divino Mestre acrescenta: estreito é o caminho que conduz à vida, ou seja, o caminho da perfeição; para nos ensinar não ser suficiente a alma entrar pela porta apertada, abandonando todo o sensível, mas que também se há de reduzir e desembaraçar, desapropriando-se puramente em tudo o que é espiritual. As palavras "porta apertada" podem ser aplicadas à parte sensitiva do homem, como as de "caminho estreito" se aplicam à parte racional e espiritual. E quando é dito que tão poucas almas acertam com ele, devemos notar a causa: é que também muito poucas cabem e querem entrar nesta suma desnudez e vazio do espírito. A senda que leva ao cume do monte da perfeição, por ser estreita e escarpada, requer viajores desprovidos de carga cujo peso os prenda às coisas inferiores, nem sofram obstáculo algum que os perturbe quanto às superiores; em se tratando de buscar e alcançar unicamente a Deus, deve ser ele o único objeto de sua procura e aspiração.

Daí se vê claramente não bastar ter conseguido a liberdade em relação às criaturas: é preciso libertar-se e despojar-se totalmente do que se refere às coisas espirituais. Nosso Senhor nos introduz, ele próprio, neste caminho, dando-nos por são Marcos doutrina admirável, que, ouso dizê-lo, é tanto menos praticada quanto mais se faz necessária. É tão útil, e vem tão a propósito aqui, que vou relatá-la e explicá-la no sentido literal e espiritual: "Se alguém me quer seguir, negue-se a si mesmo, e tome a sua cruz e siga-me, porque quem quiser salvar sua vida, perdê-la-á; mas, quem perder a sua vida por amor de mim, salvá-la-á".

Oh! quem pudera fazer compreender, amar e praticar tudo o que encerra êste conselho dado pelo Salvador sobre a renúncia de si mesmo, para os espirituais aprenderem como devem andar neste caminho de modo bem diferente do que muitos pensam! Segundo a opinião de alguns, é suficiente reformar os hábitos e ter um pouco de retiro; outros se contentam em praticar até certo ponto as virtudes, orar e mortificar-se. Mas nem uns nem outros se dão ao verdadeiro desprendimento e pobreza, à renúncia e pureza espiritual (que é tudo o mesmo) aconselhada aqui pelo Senhor. Bem longe disso, vivem a alimentar e encher a natureza de consolações e sentimentos espirituais em vez de desapegá-la e negar-lhe toda satisfação por amor de Deus. Pensam ser bastante mortificá-la nas coisas do mundo, e não querem aniquilá-la completamente e purificá-la em toda propriedade espiritual. Assim fogem eles como da morte à prática desta sólida e perfeita virtude que está na renúncia de todas as suavidades em Deus, e que abraça toda a aridez, desgosto, trabalho, numa palavra, a cruz puramente espiritual e o despojamento completo na pobreza de Cristo. Buscam somente as suaves comunicações e doçuras divinas. Isto, porém, não é negação de si mesmos, nem desnudez de espírito, mas, sim, gula de espírito.

Essas pessoas se tornam espiritualmente inimigas da cruz de Cristo, pois o verdadeiro espírito antes procura em Deus a amargura que as delícias, prefere o sofrimento à consolação; a privação, por Deus, de todo o bem ao gozo; a aridez e as aflições às doces comunicações do céu, sabendo que isto é seguir a Cristo e renunciar-se. Agir diferentemente é procurar-se a si mesmo em Deus, o que é muito contrário ao amor. Com efeito, buscar-se a si mesmo em Deus é procurar as mercês e consolações divinas; mas buscar puramente a Deus consiste não só em querer privar-se de todos os regalos por ele, como ainda em inclinar-se a escolher, por amor de Cristo, tudo quanto há de mais áspero, seja no serviço divino, seja nas coisas do mundo; isto, sim, é amor de Deus.

Oh! quem pudera dar a entender até onde quer Nosso Senhor que chegue esta renúncia! Decerto há de ser semelhante a uma morte e aniquilamento da vontade a todas as coisas de ordem temporal, natural e espiritual, e nisto consiste toda a negação. Nosso Salvador no-lo prova por este ensinamento: quem quiser salvar sua alma, esse a perderá, isto é, quem quiser possuir algo e buscá-lo para si perderá a própria alma. Ao contrário, quem perder sua alma por mim, a ganhará, ou dizendo melhor: quem renunciar por Cristo a todos os desejos e gozos da sua vontade, e der preferência às amarguras da cruz, esse cumprirá o preceito do Salvador no Evangelho de são João: e o que aborrece a sua vida neste mundo, conquistá-la-á. A mesma doutrina deu Sua Majestade àqueles dois discípulos que pediam lhes fosse permitido sentar-se à sua direita e à sua esquerda; ao invés de atender a tal solicitação, ofereceu-lhes o cálice que havia de beber, como favor mais certo e precioso nesta vida do que gozar.

Esse cálice é morrer à própria natureza, desapegando-a e aniquilando-a em tudo quanto se refere ao sentido, como já dissemos, e ao espírito, como ora explicamos, privando-a de todo entender, gozar e sentir, para poder caminhar nesta senda estreita. De tal maneira deve ir a alma neste caminho, que não só esteja desprendida do sensível e do espiritual, mas nem com este último fique embaraçada em sua ascensão; pois, como nos ensina o Salvador, não cabe nesta senda mais que a negação e a cruz. Tomando esta por báculo em que se apóie, com grande facilidade e desembaraço se eleva a alma. Nosso Senhor, por são Mateus, nos diz: "O meu jugo é suave e o meu peso leve".

Com efeito, se a alma se determinar generosamente a carregar esta cruz, querendo deveras escolher e abraçar com ânimo resoluto todos os trabalhos por Deus, achará grande alívio e suavidade para subir neste caminho, assim despojada de tudo e sem mais nada querer. Se pretender, porém, guardar para si alguma coisa, seja temporal, seja espiritual, não terá o verdadeiro desapego e abnegação; portanto, não poderá subir por esta estreita senda até o cume.

E, assim, quereria eu persuadir aos espirituais como este caminho de Deus não consiste na multiplicidade de considerações, de modos ou gostos, embora tudo isto seja útil aos principiantes. Trata-se de uma só coisa necessária: saber negar-se deveras no interior e no exterior, abraçando por Cristo o padecer e o mais completo aniquilamento. Aqui está o exercício por excelência, no qual se encerram eminentemente todos os outros. E como este exercício é a raiz e o resumo das virtudes, se nele há falta, tudo o mais é perda de tempo sem proveito, tomando-se o acessório pelo principal, ainda que a alma tenha tão altas comunicações e considerações como os anjos. Porque o proveito está unicamente em imitar a Cristo, que é o caminho, a verdade e a vida, e ninguém vem ao Pai senão por ele, conforme o mesmo Senhor declara no Evangelho de são João. Noutra passagem, diz: Eu sou a porta; se alguém entrar por mim será salvo. Portanto, todo espírito que quiser ir por doçuras e facilidade, fugindo de imitar a Cristo, não o teria eu por bom.

Tendo dito que Cristo é o caminho, e que para segui-lo é preciso morrer à mesma natureza tanto nas coisas sensíveis como nas espirituais, quero explicar agora como se realiza isto a exemplo de Cristo; porque é ele nosso modelo e luz.

Quanto ao primeiro ponto: é certo que Nosso Senhor morreu a tudo quanto era sensível, espiritualmente durante a vida, e naturalmente em sua morte. Na verdade, segundo suas próprias palavras, não teve onde reclinar a cabeça na vida, e muito menos na morte.

Quanto ao segundo ponto: é manifesto ter ficado na hora da morte também aniquilado em sua alma, sem consolo nem alívio algum, no desamparo e abandono do Pai, que o deixou em profunda amargura na parte inferior da alma. Tão grande foi esse desamparo, que o obrigou a clamar na cruz: "Meu Deus, meu Deus, por que me desamparastes?"

Nessa hora em que sofria o maior abandono sensível, realizou a maior obra, que superou os grandes milagres e prodígios operados em toda a sua vida: a reconciliação do gênero humano com Deus, pela graça. Foi precisamente na hora do maior aniquilamento do Senhor em tudo, que essa obra se fez; aniquilamento quanto à sua reputação, reduzida a nada aos olhos dos homens, e estes, vendo-o morrer na cruz, longe de estimá-lo, dele zombavam; quanto à natureza, pois nela se aniquilava morrendo; e, enfim, quanto ao seu espírito, igualmente exposto ao desamparo pela privação do consolo interior do Pai, que o abandonava para que pagasse puramente a dívida da humanidade culpada, efetuando a obra da redenção nesse aniquilamento completo. Profetizando sobre isto, diz Davi: "Também eu fui reduzido a nada, e não entendi". Compreenda agora o bom espiritual o mistério desta porta e deste caminho — Cristo —, para unir-se com

Deus. Saiba que quanto mais se aniquilar por Deus segundo as duas partes, sensitiva e espiritual, tanto mais se unirá a ele e maior obra fará. E quando chegar a reduzir-se a nada, isto é, à suma humildade, se consumará a união da alma com Deus, que é o mais alto estado que se pode alcançar nesta vida. Não consiste, pois, em recreações, nem gozos, nem sentimentos espirituais, e sim numa viva morte de cruz para o sentido e para o espírito, no interior e no exterior.

Não me quero estender mais longamente sobre esse ponto, embora fosse meu desejo não cessar de falar, vendo como Jesus Cristo é pouco conhecido mesmo pelos que se dizem seus amigos. Pois a estes vemos procurar nele seus gostos e consolações, amando a si próprios, e não as amarguras e aniquilamentos da cruz por amor de Cristo. Falo destes que se têm por seus amigos; quanto aos que estão apartados do Senhor, grandes letrados e poderosos, e quaisquer outros vivendo engolfados nas pretensões e grandezas do mundo, podemos dizer que não conhecem a Cristo; e a morte deles, por boa que possa parecer, será angustiosa. Desses tais não trata esta obra, mas a sua menção será feita no dia do juízo, porque a eles convinha primeiro propagar a palavra de Deus, como a quem a Providência colocou em testemunho dela, segundo suas dignidades e saber.

(2 S 7,1-12)

4.12. Põe os olhos só em Cristo

Se alguém quisesse interrogar a Deus, pedindo-lhe alguma visão ou revelação, não só cairia numa insensatez, mas agravaria muito a Deus em não pôr os olhos totalmente em Cristo, sem querer outra coisa ou novidade alguma. Deus poderia responder-lhe deste modo dizendo: Se eu te falei já todas as coisas em minha Palavra, que é meu Filho, e não tenho outra palavra a revelar ou responder que seja mais do que ele, põe os olhos só nele; porque nele disse e revelei tudo, e nele acharás ainda mais do que pedes e desejas. Porque pedes palavras e revelações parciais; se olhares o meu Filho, acharás nele a plenitude; pois ele é toda a minha palavra e resposta, toda a minha visão, e toda a minha revelação. Ao dar-vo-lo como irmão, mestre, companheiro, preço e recompensa, já respondi a todas as perguntas e tudo disse, revelei e manifestei. Quando no Tabor desci com meu espírito sobre ele dizendo: "Este é meu Filho amado em quem pus todas as minhas complacências, ouvi-o", desde então aboli todas as antigas maneiras de ensinamentos e respostas, entregando tudo nas suas mãos. Procurai, portanto, ouvi-lo; porque não tenho mais outra fé para revelar, e nada mais a manifestar. Se antes falava, era para prometer o meu Cristo; se os meus servos me interrogavam, eram as suas perguntas relacionadas com a esperança de Cristo, no qual haviam de achar todo o bem (como o demonstra toda a doutrina dos evangelhos e dos apóstolos). Mas interrogar-me agora, e querer receber minhas respostas como no Antigo Testamento, seria de algum modo pedir novamente Cristo e mais fé; tal pedido mostraria, portanto, falta desta mesma fé já dada em Cristo. E assim seria grande agravo a meu amado Filho, pois, além da falta de fé, seria obrigá-lo a encarnar-se novamente, vivendo e morrendo outra vez na terra. Não acharás, de minha parte, o que pedir-me nem desejar, quanto a revelações ou visões; considera-o bem e acharás nele, já feito e concedido, tudo isto e muito mais ainda.

Queres alguma palavra de consolação? Olha meu Filho, submisso a mim, tão humilhado e aflito por meu amor, e verás quantas palavras te responde. Queres saber algumas coisas ou acontecimentos ocultos? Põe os olhos só em Cristo e acharás mistérios ocultíssimos e tesouros de sabedoria e grandezas divinas nele encerrados, segundo o testemunho do Apóstolo: "Nele estão encerrados os tesouros da sabedoria e da ciência". Esses tesouros da sabedoria ser-te-ão muito mais admiráveis, saborosos e úteis que tudo quanto desejarias conhecer. Assim, glorificava-se o mesmo Apóstolo quando dizia: "Porque julguei não saber coisa alguma entre vós, senão a Jesus Cristo, e este crucificado". Enfim, se for de teu desejo ter outras visões ou revelações divinas, ou corporais, contempla meu Filho humano e acharás mais do que pensas, conforme disse também são Paulo: "Porque nele habita toda a plenitude da divindade corporalmente".

4.13. Oração da alma enamorada

Senhor Deus, amado meu! Se ainda te recordas dos meus pecados, para não fazeres o que ando pedindo, faze neles, Deus meu, a tua vontade, pois é o que mais quero, e exerce neles a tua bondade e misericórdia e serás neles conhecido. Mas se esperas por obras minhas para, por esse meio, atenderes os meus rogos, dá-mas tu e opera-as tu por mim, assim como as penas que quiseres aceitar, e faça-se. Mas, se pelas minhas obras não esperas, por que esperas, clementíssimo Senhor meu? Por que tardas? Já que, enfim, há de ser graça e misericórdia o que em teu Filho peço, toma as minhas moedinhas, pois as queres, e dá-me este bem, pois que tu também o queres.

Quem se poderá libertar dos modos e termos baixos se não o levantas tu a ti em pureza de amor, Deus meu? Como se elevará a ti o homem, gerado e criado em torpezas, se não o levantares tu, Senhor, com a mão com que o fizeste? Não me tirarás, Deus meu, o que uma vez me deste em teu único Filho, Jesus Cristo, em quem me deste tudo quanto quero; por isso confio que não tardarás, se espero.

Com que dilações esperas, se desde já podes amar a Deus em teu coração?

Os céus são meus e minha a terra; minhas são as criaturas, os justos são meus e meus os pecadores; os anjos são meus e a

Mãe de Deus e todas as coisas são minhas; e o próprio Deus é meu e para mim, porque Cristo é meu e todo para mim.

    Que pedes, pois, e buscas, alma minha? Tudo isto é teu e tudo para ti. Não te rebaixes, nem atentes às migalhas caídas da mesa de teu Pai. Sai de ti e gloria-te da tua glória. Esconde-te nela e goza, e alcançarás o que pede teu coração.

(Ditos 26)

ÍNDICE

Abreviaturas 5

Introdução 7

I. UM HOMEM

Traços biográficos 13

    Desde sempre predestinado
    a ser conforme a Cristo 13
    Nenhum bem posso
    achar fora de vós, Senhor 16
    De pés descalços e com burel 20
    "Numa noite escura..." 25
    Como modelo do rebanho 28
    "Em solidão vivia. Em solidão seu ninho
    há já construído" 31
    Cantar matinas no céu 32

II. UM MESTRE

Aspectos doutrinais 37

    "Para este fim de amor fomos criados" 37
    "De amor em vivas ânsias inflamada" 38
    "Já minha casa estando sossegada" 43

"Se a alma busca a Deus,
muito mais a procura seu Amado"...... 52

"Tu nunca matas, a não ser para dar vida,
nunca chagas, a não ser para curar"... 56

Como o fogo sobre o lenho..................... 60

"Entrou, enfim, a esposa no horto ameno
por ela desejado"................................. 66

"Amado com amada;
amada já no Amado transformada".... 70

III. UM SANTO

Atualidade de são João da Cruz................. 77

IV. PEQUENA ANTOLOGIA SANJUANISTA

1. Composições Poéticas............................ 85
    1.1. Cântico espiritual............................ 91
    1.2. Noite escura.................................. 99
    1.3. Chama viva de amor...................... 101

2. Textos Ascéticos.................................. 103
    2.1. Monte da perfeição........................ 105
    2.2. Atos anagógicos............................ 110
    2.3. Pássaro solitário............................ 116
    2.4. Suma da perfeição......................... 118

3. Textos de direção espiritual.................... 119
    3.1. Alguns "Ditos de luz e amor"........... 121
    3.2. Cartas... 126

4. Textos espirituais 155

Textos Simbólicos 162
4.1. O símbolo da "noite" 162
4.2. O disfarce da alma 165
4.3. A branda mão de Deus 171
4.4. O vento que é o Espírito Santo 173
4.5. O cautério suave 175

Textos Doutrinais 176
4.6. Inabitação de Deus na alma 176
4.7. Rastros de Deus 180
4.8. Lâmpadas de divina luz 183
4.9. A oração agradável a Deus 186
4.10. Luz que obscurece 191

Textos Cristológicos 196
4.11. O aniquilamento de Cristo 196
4.12. Põe os olhos só em Cristo 204
4.13. Oração da alma enamorada 207

Rua Dona Inácia Uchoa, 62
04110-020 – São Paulo – SP (Brasil)
Tel.: (11) 2125-3500
http://www.paulinas.com.br – editora@paulinas.com.br
Telemarketing e SAC: 0800-7010081